U0367598

中欧前沿观点丛书

汪泓 —— 著

高水平服务业由大向强的发展战略

STRATEGIES FOR
THE DEVELOPMENT OF
HIGH-LEVEL SERVICE
INDUSTRY

FROM LARGE-SCALE TO
HIGH-QUALITY

上海交通大学出版社
SHANGHAI JIAO TONG UNIVERSITY PRESS

内容提要

在深入调研高水平服务业发展现状的基础上，本书对标国际经验，分析我国高水平服务业发展的短板和不足，剖析最关键的制约因素；借鉴国际经验，研究促进加快我国高水平服务业发展和能级提升的相关建议，沿着"特点与趋势—现状与经验—瓶颈与障碍—思路与举措"的研究思路展开递进式研究。本书共分为五个部分：第一，中国经济高质量发展离不开高水平服务业；第二，从全球竞争态势看中国高水平服务业不同行业的竞争态势；第三，中国高水平服务业达到世界一流水平还存在的挑战；第四，全球高水平服务业发展的新模式；第五，中国高水平服务业未来发展的新战略。

本书可供相关政府部门和相关研究人员阅读参考。

图书在版编目（CIP）数据

高水平服务业由大向强的发展战略/汪泓著.

上海：上海交通大学出版社，2024.9（2025.3 重印）—（中欧前沿观点丛书）.—ISBN 978-7-313-31644-8

Ⅰ．F726.9

中国国家版本馆 CIP 数据核字第 2024J7H228 号

高水平服务业由大向强的发展战略
GAOSHUIPING FUWUYE YOUDA XIANGQIANG DE FAZHAN ZHANLÜE

著　者：汪　泓			
出版发行：上海交通大学出版社		地　　址：上海市番禺路 951 号
邮政编码：200030		电　　话：021-64071208
印　　制：上海新华印刷有限公司		经　　销：全国新华书店
开　　本：880mm×1230mm　1/32		印　　张：7.75
字　　数：129 千字			
版　　次：2024 年 9 月第 1 版		印　　次：2025 年 3 月第 3 次印刷
书　　号：ISBN 978-7-313-31644-8			
定　　价：68.00 元			

版权所有　侵权必究

告读者：如发现本书有印装质量问题请与印刷厂质量科联系

联系电话：021-56324200

中欧前沿观点丛书（第三辑）
编委会

丛书顾问： 汪　泓　多米尼克·杜道明（Dominique Turpin）

　　　　　　张维炯　濮方可（Frank Bournois）

主　　编： 陈世敏　李秀娟

编　　委： 白　果　陈威如　关浩光　胡光宙　江　源

　　　　　　王安智　张　华　郑　雪　周东生

执行编辑： 袁晓琳

院长的话

　　中欧国际工商学院（以下简称"中欧"）是中国唯一一所由中国政府和欧盟联合创建的商学院，成立于 1994 年。背负着建成一所"不出国也能留学的商学院"的时代期许，中欧一直伴随着中国经济稳步迈向世界舞台中央的历史进程。30 年风雨兼程，中欧矢志不渝地追求学术和教学卓越。30 年来，我们从西方经典管理知识的引进者，逐渐成长为全球化时代中国管理知识的创造者和传播者，走出了一条独具特色的成功之路。中欧秉承"认真、创新、追求卓越"的校训，致力于培养兼具中国深度和全球广度、积极承担社会责任的商业领袖，被中国和欧盟的领导者分别誉为"众多优秀管理人士的摇篮"和"欧中成功合作的典范"，书写了中国管理教育的传奇。

　　中欧成立至今刚满 30 年，已成为一所亚洲领先、全球知名的商学院。尤其近几年来，中欧屡创佳绩：在英国《金融时报》全球百强榜单中，EMBA 连续 4 年位居第 2 位，MBA 连续 7 年位居亚洲第 1 位；卓越服务 EMBA 课程荣获 EFMD 课程认证体系认证，DBA 课程正式面世……在这些高质量课程的引导下，中欧同时承担了诸多社会责任，助力中国经济与管理学科发展：举办 IBLAC 会前论坛"全球商业领袖对话中国企业家"和"欧洲论坛"，持续搭建全球沟通对话的桥梁；发布首份《碳信息披露报告》，庄严做出 2050 年实现全范围碳中和的承诺，积极助力"双碳"目标的实现和全球绿色发展。

在这些成就背后，离不开中欧所拥有的世界一流的教授队伍和教学体系：120 位名师教授启迪智慧、博学善教，其中既有学术造诣深厚、上榜爱思唯尔"高被引学者"榜单的杰出学者，又有实战经验丰富的企业家和银行家，以及高瞻远瞩、见微知著的国际知名政治家。除了学术成就之外，中欧对高质量教学的追求也从未松懈：学院独创"实境教学法"，引导商业精英更好地将理论融入实践，做到经世致用、知行合一；开辟了中国与世界、ESG、AI 与企业管理和卓越服务四大跨学科研究领域，并拥有多个研究中心和智库，被视为解读全球环境下中国商业问题的权威；受上海市政府委托，中欧领衔创建了"中国工商管理国际案例库（ChinaCases. Org）"，已收录高质量中国主题案例 3 000 篇，被国内外知名商学院广泛采用。

从 2019 年起，中欧教授中的骨干力量倾力推出"中欧前沿观点丛书"，希望以简明易懂的形式让高端学术"飞入寻常百姓家"，至今已出版到第三辑。"三十而励，卓越无界"，我们希望这套丛书能够给予广大读者知识的启迪、实践的参照，以及观察经济社会的客观、专业的视角；也希望随着"中欧前沿观点丛书"的不断丰富，它能成为中欧知识宝库中一道亮丽的风景线，持续发挥深远的影响！

在中欧成立 30 周年之际，感谢为中欧作出巨大贡献的教授们，让我们继续携手共进，并肩前行，在中欧这片热土上成就更多企业与商业领袖，助力推进中国乃至世界经济的发展！

汪泓教授

中欧国际工商学院院长

杜道明（Dominique Turpin）教授

中欧国际工商学院院长（欧方）

2024 年 6 月 1 日

总　序

今年正值中欧国际工商学院成立 30 周年，汇集中欧教授学术与思想成果的"中欧前沿观点丛书"（第三辑）也如期与读者见面了。

对于中欧来说，"中欧前沿观点丛书"具有里程碑式的意义，它标志着中欧已从西方经典管理知识的引进者，逐渐转变为全球化时代中国管理知识的创造者和传播者。教授们以深厚的学术造诣，结合丰富的教学经验，深入浅出地剖析复杂的商业现象，提炼精辟的管理洞见，为读者提供既富理论高度又具实践指导意义的精彩内容。丛书前两辑面世后，因其对中国经济社会和管理问题客观、专业的观察视角和深度解读而受到了读者的广泛关注和欢迎。

中欧 120 多位教授来自全球 10 多个国家和地区，国际师资占比 2/3，他们博闻善教、扎根中国，将世界最前沿的管理思想与中国管理实践相融合。在英国《金融时报》的权威排名中，中欧师资队伍的国际化程度稳居全球前列。中欧的教授学术背景多元，研究领域广泛，学术实力强劲，在爱思唯尔中国高被引学者榜单中，中欧已连续 3 年在"工商管理"学科上榜人数排名第一。在学院的学术研究与实境研究双轮驱动的鼓励下，教授们用深厚的学术修养和与时俱进的实践经验不断结合国际前沿理论与中国情境，为全球管理知识宝库和中国管理实际贡献智慧。例如，学院打造"4＋2＋X"跨学科研究高地，挖掘跨学科研究优势；学院领衔建设的"中国工商管理国际案例库"（ChinaCases. Org）迄今已收录 3 000 篇以中国主题为主的教学案例，为全球商学院教学与管理实践助力。同时，中欧教授提交各类政策与建言，涵盖宏观经济、现金流管理、企业风险、领导力、新零售等众多领域，引发广泛关注，为中国乃至全球企业管理者提供决策支持。

中欧教授承担了大量的教学与研究工作，但遗憾的是，他们几乎无暇著书立说、推销自己，因此，绝大多数中欧教授都"养在深闺人未识"。这套"中欧前沿观点丛书"就意在弥补这个缺憾，让这些"隐士教授"走到更多人的面前，让不曾上过这些教授课程的读者领略一下他们的学识和风范，同时也让上过这些教授课程的学生与校友们重温一下曾经品尝过的思想佳肴；更重要的是，让中欧教授们的智慧与知识突破学术与课堂的限制，传播给更多关注中国经济成长、寻求商业智慧启示的读者朋友们。

今年正值中欧 30 周年校庆，又有近 10 本著作添入丛书书单。这些著作涵盖了战略、营销、人力资源、领导力、金融财务、服务管理等几乎所有管理领域的学科主题，并且每本书的内容都足够丰富和扎实，既能满足读者对相应主题的知识和信息需求，又深入浅出、通俗易懂。这些书系由教授撰写，并且贴合当下，对现实有指导和实践意义，而非象牙塔中的空谈阔论；既总结了教授们的学术思考，又体现了他们的社会责任。聚沙成塔，汇流成河，我们也希望今后有更多的教授能够通过"中欧前沿观点丛书"这个平台分享思考成果，聚焦前沿话题，贡献前沿思想；也希望这套丛书继续成为中欧知识宝库中一道亮丽的风景线，为中国乃至世界的经济与商业进步奉献更多的中欧智慧！

谨以这套丛书，献礼中欧 30 周年！

主编

陈世敏

中欧国际工商学院会计学教授，

朱晓明会计学教席教授，副教务长及案例中心主任

李秀娟

中欧国际工商学院管理学教授，

米其林领导力和人力资源教席教授，副教务长（研究事务）

2024 年 6 月 5 日

序　言

　　高水平服务业是提升国际大都市能级和核心竞争力的关键支撑，作为重要的"助推器"，极大地促进了传统产业的改造升级，是孕育新经济、新动能、新赛道发展的"孵化器"，更是人民追求高品质生活的"加速器"。党的二十大报告强调，要"构建优质高效的服务业新体系，推动现代服务业同先进制造业、现代农业深度融合"。因此，要坚持对标最高标准、最佳水平，推进高水平对外开放，稳步扩大规则、规制、管理、标准等制度型开放。而高水平服务业的发展和扩大开放是我国构建新发展格局、推进新一轮高水平开放的重要着力点。因此，发展高水平服务业是适应新发展阶段的内在要求，是贯彻新发展理念的重要体现，是构建新发展格局的关键环节，是应对全球变革的必然选择。

　　在深入调研高水平服务业发展现状的基础上，本书对标国际高水平服务业，分析我国高水平服务业发展的短板和不足，剖析最关键的制约因素，借鉴国内外城市经验，研究促进加快我国高水平服务业发展和能级提升的相关建议。因此，本书沿着"特点与趋势—现状与经验—瓶颈与障碍—思路与举措"的研究思路展开递进式研究。本书共分为五个部分：第一，中国经济的高质量发展离不开高水平服务业；第二，从全球趋势看中国高水平服务业不同行业的竞争态势；第三，分析中国高水平服务业达到世界一流水平还存在的挑战；第四，总结全球高水平服务业发展的新模式；第五，提出中国高水平服务业未来发展的新战略。

本书指出，与一般服务业态相比，高水平服务业具有 5 个显著特点，即广开放、强引领、更集聚、促创新、高融合。深度扫描我国高水平服务业发展现状及不足，对比全球，我国高水平服务业发展体现出一定的优势和发展动力，如：新兴服务业领域的发展动力强劲，技术及知识密集型服务业持续集聚，国际消费中心加快实现提质扩容，等等。但同时，对标高标准，高水平服务业加快发展、提升能级也存在短板，亟须补齐，主要体现在：对标"广开放"，制度开放仍待加强，全球资源配置功能不够健全；对标"强引领"，符合未来发展定位的高水平服务业能级不足，国际化程度不高、引领性不够；对标"更集聚"，具有国际竞争力的一流的高水平服务业企业数量不够多、能级不够强；对标"促创新"，以智能技术、数字技术等为核心的新兴服务业发展受到关键技术的制约；对标"高融合"，高水平服务业对我国产业结构升级、打造现代产业体系的赋能还不够。因此，要积极借鉴以美国、英国、法国、日本等发达国家及重点城市的高水平服务业发展的态势与经验，突出未来发展定位发展高端服务业，以市场为基础推动服务业开放，注重促进服务业集聚发展，高度重视人才和研发投入，发挥政府行为的外部动力，切实加大政策倾斜力度。

本书也提出了我国高水平服务业加快发展、提升能级的思路和突破口。高水平服务业加快发展、提升能级要对标国际一流、全球顶尖，解放思想、改革创新，敢于大胆闯、大胆试、大胆干。围绕打造国际化、市场化、法治化营商环境，提升高水平服务业发展能级。本书还提出了我国高水平服务业加快发展、提升能级的主要举措。第一，聚焦"广开放"，推进更高水平的开放，渐进式降低市场准入与经营限制，扩大高水平服务业重点领域的开放与合作。第二，聚焦"强引领"，打造具有世界影响力的核心产业和龙头企业。第三，聚焦"高融合"，强化高水平服务业与高端制造业深度融合。第四，聚焦"促创新"，实现高水平服务业从"高产值"向"高价值"的进阶。第五，聚焦"更集聚"，以高水平服务业发展赋能现代产业体系，抢占产业链价值链制高点。第六，聚焦"抢人才"，以具有国际竞争力的制度和服务优势吸引高层次海外人才，打造高水平服务业发展的人才高地。第七，聚焦"优环境"，以政策创新引领发展，塑造企业自动"冒出来"的产业生态。第八，聚焦"柔监管"，以事中事后监管为重心，提高信用监管、法治监管、智慧监管等事中事后监管效率。

高水平服务业是提升发展能级和核心竞争力的关键支撑。本书在科学研判我国高水平服务业发展现状与不足的基础上，对标全球一流，重点剖析制约我国高水平服务业加快发展的主要瓶颈和关键障碍，并借鉴发达国家的先进经验，提出我国高水平服务业加快发展的思路、突破口以及关键举措。研究结果对于全面描绘我国高水平服务业发展"实景图"、科学布局高水平服务业发展战略提供了重要支撑。

汪泓

中欧国际工商学院院长

2024 年 6 月 20 日

目　录

第 1 章

中国经济高质量发展离不开高水平服务业

　　高水平服务业是提升国际大都市能级和核心竞争力的关键支撑，是促进城市传统产业改造升级的"助推器"，是孕育城市新经济、新动能、新赛道发展的"孵化器"，更是人民追求高品质生活的"加速器"。党的二十大报告强调，要"构建优质高效的服务业新体系，推动现代服务业同先进制造业、现代农业深度融合"。因此，要坚持对标最高标准、最佳水平，推进高水平对外开放，稳步扩大规则、规制、管理、标准等制度型开放。因此，发展高水平服务业是适应新发展阶段的内在要求，是贯彻新发展理念的重要体现，是构建新发展格局的关键环节，是应对全球变革的必然选择。

　　发展高水平服务业，必须深入贯彻新发展理念，坚持问题导向、目标导向，遵循服务业的发展规律和趋势。新时代新征程，必须深刻理解中国经济高质量发展的内涵要义和使命要求，聚焦产业转型升级和居民消费升级需要，推动生产性服务业向更加专业化的方向发展，并促使其融入价值链的高端环节，促进生活性服务业向高品质和多样化升级，构建与中国式现代化相适应的服务业新体系，为加快建设现代化产业体系、不断增进民生福祉提供支撑和保障。

　　通常认为，服务业是指从事服务产品的生产部门和企业的集合，或者更广义地讲，指国民经济中除了第一产业、第二产业以外的其他产业。服务业可以通过不同标准维度进一步细分，例如，从服务功能的角度，可分为生产性服务业、生活性服务业、公共性服务业等。

其中，生产性服务业是指为保持工业生产过程的连续性、促进工业技术进步、加快产业升级和提高生产效率提供保障服务的行业。生产性服务业紧密依赖于制造业企业，它渗透至企业生产的整个链条。在这一过程中，生产性服务业以人力资本和知识资本为核心投入，不断将日益精细化、专业化的知识和人才资源引入制造业，是推动第二产业和第三产业深度融合的重要纽带和关键环节。代表性的生产性服务业包括研发设计、物流运输、企业金融服务、生产性航运服务、专业技术服务、人力资源管理与培训服务、生产性支持服务等。

生活性服务业是指专注于满足居民最终消费需求的一系列服务活动，其涵盖了由市场提供的个性化、多样化的居民消费和保障服务，共同构成了居民日常生活中不可或缺的一部分。代表性的生活性服务业包括餐饮、商品零售、健康服务、文化娱乐服务等。

公共性服务业是指旨在满足社会公共需求，由政府或公共部门主导并提供公共产品和服务的行业。这些服务不仅保障了公民的基本生活需求，还致力于提升整体社会福利水平，并促进社会的公平与公正。代表性的公共服务业包括政府的公共管理服务、基础教育、公共卫生、公共交通、公共通信基础设施、公共安全以及公益性信息服务等。

需强调的是，生产性服务业和生活性服务业的边界并不清晰，在服务业统计分类中，生产性服务业涉及 16 个国民经济行业门类，348 个行业小类。生活性服务业涉及 13 个行业门类，288 个行业小类。其中，76 个行业小类既属于生产性服务业，又属于生活性服务业。

生产性服务业、生活性服务业、公共性服务业是相互补充、相互促进的整体。公共性服务业是培育人力资本的基础机制，生产性服务业的升级离不开高水平人力资本的支撑。而生产性服务业作为中间投入品，是提升生活性服务业劳动生产率的重要基础，并间接推动公共性服务业的发展。同时，生产性服务业还是制造业的"黏合剂"，是承接社会良性发展的基础。因此，生产性服务业、生活性服务业和公共性服务业互联互通，共同推动服务业加速发展、提升能级，从而实现经济的高质量发展。不过，由于公共性服务业具有一定的特殊性，在本书中不作展开讨论。除非特别说明，本书所指服务业包含了生产性服务业和生活性服务业。

目前对于高水平服务业缺乏公认的界定和定义。为便于后续讨论，在此拟将高水平服务业定义为：具有广开放、强引领、更集聚、促创新、高融合特点的服务业态，是服务业发展到特定阶段的最高级形态。与一般服务业相比，高水平服务业更强调服务业的发展质量和发展能级，对国民经济发展的支撑引领作用，以及对人民生活品质提升的促进推动作用。

1.1　高水平服务业成为经济新引擎

整体来看，以数字技术的出现为标志，服务业的发展可被分为两个截然不同的阶段，在不同阶段又呈现出不同的发展规律，在此重点探讨数字技术时代服务业的主要发展规律，从而说明在数字经济时代，高水平服务业已经成为经济发展的新引擎。

第一，具有巨大的规模效应。在当今的全球生产网络体系中，生产过程碎片化和专业化的趋势日益明显。随着全球产业结构不断升级与优化，产业链价值创造正在从传统制造环节逐步转移到服务环节。在这一过程中，生产性服务活动的重要性日益凸显，其所占比例持续上升。深入观察发达国家的经济结构，可以发现引人注目的"两个

70%"现象：服务业的产值占据国内生产总值的70%，生产性服务业在服务业总产值中的占比也高达70%。这一现象充分展示了服务业在发达国家经济中的核心地位。此外，在全球最具竞争力的500强企业中，超过一半的企业专注于服务业领域，可以看出，高水平服务业的蓬勃发展是产业转型升级的重要支撑。

从全球发展来看，服务贸易呈现较快增长态势，数字技术应用更加广泛，以数字技术为核心驱动的知识密集型服务贸易成为世界各国的创新高地和合作要地。当前，随着通信技术的发展、交通的不断完善以及全球贸易的不断开放，服务业得以突破地理空间的限制，辐射至更广的范围。数字化是新一轮科技革命和产业变革的核心力量，是当前服务业创新发展最集中的体现。服务业数字化发展不仅能够提升服务业的经营效率，克服"鲍莫尔病"①，也能够丰富服务供给，扩展增长空间，便利人民生活。例如，

---

① 由美国经济学家威廉·鲍莫尔在1965年提出，鲍莫尔的研究从技术进步的角度划分产业，将经济活动分为两个主要部门：一个是技术影响强的"进步部门"，在这个部门，"创新、资本积累和规模经济带来人均产出的累积增长"；另一个是技术影响弱的"非进步部门"，这个部门由于新技术应用甚少，劳动生产率保持在一个不变的水平。所谓技术影响强的"进步部门"是指那些可以应用先进技术设备、能大规模生产、发挥规模经济效应和范围经济效应的制造业部门。而非进步部门，则主要指一些服务业。到了以服务业为主的发展阶段，劳动力不断从进步部门向非进步部门转移，整个国家经济增长速度将逐渐变为零，这就是著名的鲍莫尔成本病与增长病，简称"鲍莫尔病"。

美国经济协会刊发的一项研究发现，当与美贸易国家的互联网渗透率每提高 10％，美国对其服务业进出口就会提高 1.1 个百分点。表明互联网在促进国际服务贸易方面具有重要作用。当前，服务贸易已成为全球自由贸易的重点。尽管新冠疫情对全球服务贸易产生了冲击，但并未改变服务贸易较快增长的趋势。2022 年，全球服务贸易总额比 2019 年增长了 11.4％。从中国的情况来看，2022 年中国服务贸易额占外贸总额的比重为 12.4％，数字贸易占服务贸易的比重为 50％，低于全球平均水平。要想实现 2025 年服务贸易额占外贸总额的比重达到 20％、数字贸易占服务贸易的比重达到 60％的目标，中国仍需付出较大的努力。

第二，具有强劲的集聚效应，包括空间集聚以及资金、人才、知识、技术等关键要素的集聚。发达国家的经验表明，当服务业发展到特定阶段时，在经济总量增长、经济结构变化和人口规模扩张等因素的驱动下，产业集聚模式会由零散分布逐渐向集聚点、集聚带、集聚区进化。集聚区产业关联度强，有利于织密整个社会服务的网络，从而创造出更加精细、更具特色、更有温度的高品质人居生活环境。同时，基于产业关联效应和社会网络效应而形成的服务集聚区，有利于形成规模效应和品牌效应，从而提高服务业的整体水平和国际竞争力。

高水平服务业的集聚效应还体现在产业要素的集聚上。从资金集聚度来看，服务业对资金具有较大的吸引力。2022 年，美国风投投资金额约为 2 094 亿美元，其中，约 900 亿美元投向软件服务业，占比为 43％。从国际投资来看，服务业跨国投资占全球跨国投资的比重已接近 2/3。而在中国企业的对外直接投资中，近八成存量都集中于服务业。

从人才集聚度来看，行业的空间集聚可推动专业人才的集聚，行业的高水平发展也可促进专业人才的集聚，而人才间的交流互动会产生集体学习和知识溢出效应，在提高服务的经济效益和质量的同时，吸引更多新的企业入驻区域，增强区域经济活力。从知识和技术的集聚度来看，知识密集型和技术密集型（KTI，即 knowledge and technology intensive）服务业在服务业中的比重正快速提升。全球 KTI 行业规模在 2022—2019 年间从 3.4 万亿美元飙升到了 9.2 万亿美元。从国家层面来看，随着一国人均 GDP 的提高，KTI 服务业在经济总量中的比重将会增大。美国、英国、法国、德国和日本等国家，超过 50％的服务业属于 KTI 服务业。另外，美国、英国、法国等国家 KTI 服务业占 GDP 的比重都在 30％以上，KTI 服务业的规模已经大于工业部门的规模。

不过从国内来看，KTI 服务业依然是经济的一个短板。中国高技术制造业和 KTI 服务业增加值规模分别在 2007 年和 2013 年超过了日本，位列全球第二位。2014 年，中国高技术制造业规模已与美国基本相当，但 KTI 服务业仍不足美国的三成。如果从更长的时间窗口进行中美对比，中国 KTI 服务业相对滞后的问题更加明显。

第三，具有显著的创新效应。对生产性服务业而言，其核心目标在于保持产业生产过程连续、稳定，促进产业技术进步、产业升级和效率提升。在这个过程中，必须进一步以创新提升生产性服务业的发展水平，为制造业发展提供更多有针对性的科技研发、商务咨询、工业设计、成果转化等专业服务。而对生活性服务业而言，随着居民收入水平的逐步提高，消费结构加快升级，医疗、餐饮、文化、旅游等服务供给水平持续提升，但与消费结构升级和消费观念转变的要求还有差距，必须依靠创新提高生活性服务业发展质量，围绕满足人民日益增长的美好生活需要提供更多个性化、高端化的品质服务。

当前，服务业创新的主动性比以往更加突出，研发投入持续上升。以经济合作与发展组织（OECD）国家为例，2019—2020 年，在私营部门的研发投入中，排名前三的是软件和计算机服务、医药以及生物科技公司。在国内，

2016—2020 年，我国服务业有效发明专利拥有量增长了237.4%。另外，根据有关学者的研究，服务业与制造业的研发创新有很大的不同：制造业的研发更多聚焦于对现有产品的改进，而服务业的研发更多聚焦于产生新流程、新范式和新知识。这意味着，服务业的创新效应会带来更多颠覆式创新，对社会经济发展产生更广泛的影响。

第四，具有广泛的溢出效应（spillover effect）。溢出效应是指某种因素或行为的作用超出了其最初设定的范围，从而意外地对周边领域产生影响。在经济学领域中，这种效应尤指经济活动不仅直接作用于其预定目标，而且还在更广泛的层面上，间接地对周边的经济活动产生显著且不容忽视的影响。服务业尤其是生产性服务业具有非常广泛的溢出效应，从全球贸易来看，服务业超过 2/3 的附加值增长都是通过服务与其他商品的结合来实现的，纯服务贸易的附加值增长不到 1/3。在美、英、法、德等国，服务业在出口中创造的附加值均超过 50%。

1.2　高水平服务业的五大新趋势

党的二十大确定了全面建成社会主义现代化强国分两步走的总体战略安排。到 2035 年，预计我国服务业规模、质量、效率和现代化水平有效提升，协同高效的服务业监管体系不断完善，高标准服务业开放制度体系更加系统完备，供需适配、内外联通、智慧绿色、融合共享的服务业发展新格局基本建成。从发达国家和地区服务业的发展情况来看，与一般服务业态相比，高水平服务业在发展过程中，具有五大新趋势。

1.2.1　广开放

广开放是高水平服务业的一个典型特征，纵观全球服务业高度发达的国家和地区，其服务业开放度也在全球位居前列。OECD 曾发布全球 40 个主要国家、18 类服务业的贸易限制指数（services trade restrictiveness index, STRI），指数越高意味着服务贸易的限制越多，结果发现，中国、印度等国的 STRI 较高，而英国、德国等国的 STRI 均较低，表明其服务业开放度更高，而其服务业发展水平也更高。实际上，据 OECD 测算，一个国家和地区航空、法律服务、银行、保险等服务业领域的 STRI 每降低 0.05 个点，这些领域产生的经济效益将上升 3%～8%。因此，开放度对于服务业的发展水平具有非常明显的影响。

长期以来，服务业领域是我国开放型经济体制机制的一块短板。中国过去的对外开放主要集中在工业制造领域，取得了巨大的成功，但服务业的开放还需要加强。

2022 年，中国服务业开放指数为 62.3，而全球服务业开放指数平均值为 74.6。根据麦肯锡的相关研究，国内服务品质、服务能力和准入问题影响了很多服务业子领域的发展，而外企面临的诸多限制也会阻挠竞争和现代化进程，进而抑制生产率的提高。目前，国内服务业的劳动生产率仅为 OECD 平均水平的 20%～50%。模拟结果显示，到 2040 年，中国服务业的开放与否，导致的经济价值变量将在 3 万亿至 5 万亿美元之间。

当前，扩大服务业开放正当其时：

第一，有利于顺应经济全球化发展趋势，进一步提升国际经济话语权和影响力。在第四次工业革命的推动下，以信息流和服务流为支撑的分工模式兴起，服务贸易正在日益成为经济全球化的新动能。根据 WTO 预测，2030 年服务贸易占全球贸易的份额将达到 25%，如果考虑到服务贸易的实际规模大于统计数据，其在全球贸易中的地位将更加显著。在这样的形势下，扩大服务业开放，一方面有利于扩大服务贸易规模，提升服务贸易质量，在全球服务贸易发展浪潮中占据重要位置，在基于信息流和服务流的新型国际分工模式中占据优势地位；另一方面有利于我国在相关服务规则领域与国际高标准接轨，更加主动地参与重塑新一轮国际经贸规则，进一步提升国际经济话语权和影响力。

第二，有利于建设更高水平的开放型经济新体制，推动新一轮高水平对外开放。"十四五"时期，我国要推动形成更高水平的开放型经济新体制，以高水平开放打造国际经济合作和竞争新优势，而有序扩大服务业对外开放，完善自由贸易试验区布局是重要内容。特别是在自贸试验区这个改革开放新高地的建设中，服务业开放是十分重要的组成部分，特别是上海、广东、天津、福建等沿海自贸试验区，探索服务业开放新路径、新经验是主要任务之一。随着我国经济步入新时代发展轨道，对外开放策略正逐步从制造业扩展到金融和服务业领域，在开放型经济新体制的构建中，服务业开放将扮演越来越重要的角色。

第三，有利于深化供给侧结构性改革，推动建设现代化产业体系。服务业的发展，主要依靠知识、技术、管理和数据等生产要素，这些生产要素的内生性积累需要较长周期，短期内难以实现有效改善。在此形势下，扩大服务业开放，集聚国际高质量服务业企业，引入人才、知识、技术、管理等优质生产要素，有利于推进服务业供给侧结构性改革，为制造业提供高质量生产性服务，助力现代化产业体系建设。

第四，有利于顺应居民消费升级趋势，满足人民日益增长的美好生活需要。随着人均收入的不断上升以及物质生活的极大丰富，国内生存型消费向发展型消费转变、数量型消费向质量型消费转变、模仿型消费向个性化消费转变的趋势十分明显，但是本土服务企业的有效供给难以充分满足市场需求。因此，扩大服务业的对外开放，积极引进全球高水平服务企业，不仅顺应消费升级的趋势，更有助于提升民众的幸福感和满足感。

因此，当前需把握历史机遇，进一步放宽服务业外资市场准入限制，实施跨境服务贸易高水平对外开放，搭建开放型贸易便利化服务体系，完善服务业国际化交流合作机制，从而推动服务业高水平发展。

1.2.2　强引领

根据欧美发达国家和地区的经验，当人均 GDP 达到 1万美元后，服务业在一个国家经济增长中的引领作用将更加突出。2023 年上半年，我国第三产业占国民经济总产值的 56%，生产性服务业和生活性服务业齐头并进，拉动经济增长 3.6 个百分点，贡献率达到 66.1%，远高于工业部门和农业部门。

我国服务业的发展大致经历了 4 个阶段：

第一阶段（改革开放到 20 世纪 90 年代初）：开始逐步

放宽对市场经济的限制，加快了服务业的发展，第三产业整体缓慢上升，批发零售、交通运输、仓储及邮电通信业率先发展。

第二阶段（20 世纪 90 年代初至 2000 年）：对产业结构进行战略调整和定位，使经济增长转向第二、第三产业共同推动。这一阶段金融行业领先发展，零售贸易和餐饮业持续增长，房地产行业突飞猛进。

第三阶段（2000 年至 2020 年）：服务业结构调整加快，新型业态不断涌现，到 2013 年，我国第三产业生产总值超过第二产业。广告、咨询等中介服务以及房地产、旅游、娱乐等行业发展提速，生产和生活服务业互动发展。批发和零售业以及金融业占据主要地位，信息技术、科学研究等服务业地位逐渐提升。

第四阶段（2021 年至今）：服务业向高水平迈进，生产性服务业和生活性服务业融合发展，公共服务和基础服务水平不断提升，传统优势服务业能级不断增强，知识和技术密集型服务业逐渐崛起，文化娱乐休闲领域的高品质、高内涵文化消费迎来爆发。

到 2023 年，我国第三产业增加值达 688 238 亿元，增长 5.8%，第三产业增加值比重为 54.6%。第三产业成为稳增长的主动力，保就业的主力军，吸引外资的主磁场，税收增长的主源泉。但是我国服务业与美国等发达国家还有一定差距，在我国 GDP 十强城市中，服务业占比超过七成的，目前只有北京、上海、广州和杭州。

服务业对经济发展的引领作用，主要体现在如下方面：

第一，对 GDP 增长的贡献率和拉动作用不断上升。据联合国贸发会统计，1980—2015 年，服务业在发达国家 GDP 中的比重从 61％上升到 76％，在发展中国家 GDP 中的比重从 42％上升到 55％。2021 年，服务业在美国的 GDP 中占比高达 77.6％，相比之下，服务业在中国的 GDP 中占比为 54.5％。更深入的观察显示，在几乎占据美国 GDP 的 80％的服务业中，生产性服务业更是占据了 70％的份额。这表示，在 2022 年美国 25 万亿美元 GDP 中，大约有 13 万亿美元来自生产性服务业，涵盖与制造业紧密相连的高科技服务领域。与此同时，欧盟服务业对 GDP 的贡献也达到 78％，其中，生产性服务业占 50％的份额，意味着欧盟的 GDP 中有 39％来自生产性服务业。另外，按不变价格计算，2013—2021 年，我国服务业增加值年均增长 7.4％，分别高于 GDP 和第二产业增加值年均增速 0.8 和 1.4 个百分点，成为经济增长的第一推动力（见图 1-1）。

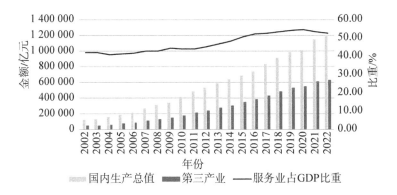

图 1-1　2002—2022 年我国服务业占 GDP 的比重

数据来源：国家统计局．中国统计年鉴 2023［M］．北京：中国统计出版社，2023．

　　第二，吸纳大量的就业人口，充当就业市场的"稳定器"。根据国际劳工组织的统计，在全球范围内，服务业占全球就业人数的比重约为 49％。2021 年，美国服务业就业人口占总就业人口的比重为 79％，OECD 国家约为 70％，中国为 48％，略低于全球平均水平（见表 1-1）。

表 1-1　我国服务业就业人口占总就业人口比重

年份	就业人员/ 万人	第三产业/ 万人	第三产业就业人数占总 就业人数的比值/％
2002	73 280	20 958	28.60
2003	73 736	21 605	29.30
2004	74 264	22 725	30.60
2005	74 647	23 439	31.40

年份	就业人员/ 万人	第三产业/ 万人	第三产业就业人数占总 就业人数的比值/%
2006	74 978	24 143	32.20
2007	75 321	24 404	32.40
2008	75 564	25 087	33.20
2009	75 828	25 857	34.10
2010	76 105	26 332	34.60
2011	76 196	27 185	35.68
2012	76 254	27 493	36.05
2013	76 301	29 321	38.43
2014	76 349	30 920	40.50
2015	76 320	32 258	42.27
2016	76 245	33 042	43.34
2017	76 058	34 001	44.70
2018	75 782	34 911	46.07
2019	75 447	35 561	47.13
2020	75 064	35 806	47.70
2021	74 652	35 868	48.05
2022	73 351	34 583	47.15

数据来源：国家统计局．中国统计年鉴2023［M］．北京：中国统计出版社，2023.

第三，对外商直接投资（FDI）具有较强吸引力。据统计，近70%的跨国并购发生在服务业领域，制造业为

24％，农业仅占 6％。多年来，绿地投资①主要发生于服务业领域。2021 年，我国服务业实际使用外资占全部实际使用外资比重为 78.9％，比 2012 年提高了 30.7 个百分点。因此，必须进一步开放服务市场，加大力度吸引和利用外资，从而推动服务业加速发展、提升能级。

第四，将为国际贸易提供新的增长点。WTO 的统计数据显示，2022 年全球服务贸易额为 7.1 万亿美元，占全球 GDP 的 6.8％，占全球贸易总额的 22.2％，其中，约 54％为数字化服务。2005—2022 年，全球数字化服务贸易年平均增长率为 8.1％，远高于货物贸易年平均增长率（5.8％）和其他服务贸易年平均增长率（4.2％）。在服务贸易中，占比较高的前四位是商业 & 专业 & 技术服务（40％）、计算机服务（20％）、金融服务（16％）和知识产权相关服务（16％），均为知识密集型高水平服务业，由此可见，高水平服务业在未来国际贸易中的巨大潜力。

目前，美国是全球第一大服务出口国和进口国。2023 年，美国服务进出口额约为 17 747.94 亿美元，其中，出口额为 10 265.96 亿美元，占全球市场的 13％，进口额为

---

①　又称新建投资，是指跨国公司等投资主体在东道国境内设置的部分或全部资产所有权归外国投资者所有的企业，这类投资会直接导致东道国生产能力、产出和就业的增长。

7482 亿美元，占全球市场的 10.5%，顺差为 2784 亿美元。中国是全球第二大服务进出口国。2023 年，我国服务进出口总额为 65754.3 亿元人民币，约为 9331 亿美元。其中，出口额为 26856.6 亿元人民币，约为 3811 亿美元；进口额为 38897.7 亿元人民币，约为 5519 亿美元；逆差为 12041.1 亿元人民币，约为 1708 亿美元（见图 1-2）。我国是全球第一大服务贸易逆差国，这表明我国服务业尚不能完全支撑国内消费需求，全球竞争力也有待加强，亟须推动服务业的持续转型升级。

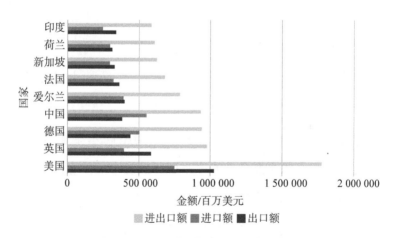

图 1-2　2023 国际服务交易进出口金额

数据来源：联合国贸易和发展会议，交易额以百万美元计的现价。

1.2.3　更集聚

随着人口以及市场要素的集聚，服务业在发展过程中逐渐呈现集聚态势，并在全球范围内出现了诸多高水平服务业集聚区，如金融服务业在纽约、时尚产业在巴黎的集聚等。服务业的集聚不只体现在地理空间层面，也体现在行业的集中度上。以高技术服务业为例，从空间集聚来看，东部地区在全国范围内占据明显的主导地位。第四次全国经济普查数据显示，东部地区在高技术服务业方面展现出显著的优势，其中，企业法人单位数占据全国总量的63.5%，从业人员占比更是高达64.2%。不仅如此，这些企业的营业收入占据了全国73.4%的份额，同时，总资产也占据了全国74.2%的份额，均远高于中、西部地区之和。从行业集中度看，高技术服务业8个行业大类中，信息服务业的企业法人单位数、从业人员、营业收入和资产总计分别占全部高技术服务业企业法人单位的44.7%、48.0%、57.8%和48.3%，比重远超其他行业大类。

以上海自贸试验区临港新片区为例，该区域已成功打造成为高能级航运服务集聚区。在这里，超过280家航运服务企业汇聚一堂，形成了强大的产业生态。这些企业中，不乏行业翘楚，包括3家位列全球前10位的船舶管理公司，4家跻身全球前10位的船供企业，以及12家进入全球前50位的货运物流企业。这些优质企业的入驻，不仅彰显了临港新片区在航运服务领域的领先地位，更成功吸引了如德国贝仕、香港 Fleet 船管等全球知名企业的区域业务总部入驻。

此外，上海目前已形成众多国际化的消费集聚区，未来还将打造东、西片国际级消费集聚区，形成"4＋X＋2"的大都市商业空间体系。调研显示，服务业集聚可显著提高服务能效。服务业的专业化集聚和多元化集聚，可对服务业的能效产生显著的正向溢出效应和空间溢出效应，具体体现为：服务业的集聚可以拉动消费需求，促进技术创新，从而推动经济增长结构升级；可以增加劳动者收入，提升资源分配效率，从而推动"共同富裕"目标的实现；可以改变传统高能耗生产方式，从而推动经济高质量发展；可以丰富服务的业态和供给，更好地满足人民对美好生活的向往和追求。

1.2.4　促创新

纵观欧美国家或地区高水平服务业的发展历程，可以发现两条截然不同的路径，但科技创新是其共同特征。

路径一：在工业高度发达国家，企业选择从生产制造环节向价值链上下游延伸，往上是设计、研发、供应链金融等，往下是营销、品牌、信息数据等，都具有知识密集、技术密集、信息密集等特点。上下游附加值更高，而中间环节附加值较低。以苹果手机为例，制造组装环节附加值占比低于 1/3，而服务环节的附加值超过 2/3。在此背景下，很多企业既有先进制造业务，也有高端服务，例如，苹果公司既有手机、电脑制造业务，也有软件开发、云存储等业务。另外，一些企业聚焦价值链上下游细分环节提供专业服务。大多数生产性服务业的发展都遵循这一路径。

从全球价值链来看，全球价值链参与类型（type of participation in GVCs）指标体现了一个国家全球价值链参与的相对前向性（relative forwardness of GVC participation）。根据世界银行的统计数据，2022 年，中国该指标为 0.155，美国该指标为 0.529，也就是说美国处于全球价值链的绝对上游，对核心技术和原材料等有较强的掌控，能够形成对处于价值链下游国家和经济体的制约。这种"制约"，在逆全球化思潮之下，给我们最直接的冲击和影响就是技术"卡脖子"。

路径二：新技术、新模式的不断涌现，推动一些传统消费服务业进行升级。一方面，高新技术尤其是数字化技术，可以赋能企业持续推动组织架构、商业模式、管理流程等变革，以更好地适应消费市场的快速变化；另一方面，高新技术如物联网、人工智能、大语言模型等的应用，以及与新模式的结合，可以使企业提供更优质、更多元的服务，更好地满足消费者对品质和个性化的需求。在消费性服务业，这一路径尤为显著。

从国内来看，一方面，中国制造业正加速向中高端迈进，进入高端制造业与高端服务业融合发展的新阶段。近年来，加工贸易在中国整个对外贸易中的比例已大幅下降，国内加工的增值比例大幅上升，国内企业研发投入越来越多，自主品牌越来越强，在国内的价值链越来越长，价值链上的服务业也越来越繁荣。2021年，我国有683家企业进入全球研发投入2500强榜单，在云计算、人工智能、移动通信等领域出现了一批具有国际影响力的服务型企业。

整体来看，国内研发投入强度不断提升。2022年，我国的全社会研发经费投入总额高达3.09万亿元，投入强度在2012—2022年由1.91%稳步提升至2.55%，这一比例已经超过了欧盟的平均水平。但同时，国内研发投入存在"三低"困境。第一，基础研究投入比例长期"低"位徘徊。国内研发投入中真正用于基础研究的经费占比仅为6%左右，而欧美发达国家在基础研究上的投入占比基本稳定在12%以上，美国为17.2%，法国高达25%。第二，应用研究投入比例"低"。此前一项调查显示，国内应用研究经费占全社会研发经费比例约为10%，不到美国和日本的一半，与英国和法国的差距更大。英国已经达到了43％，法国为 38％。第三，自主知识产权拥有率"低"。由于研发经费投入过于偏向试验发展，科学研究经费比例偏低，导致自主知识产权拥有率低。目前，我国科学研究与试验发展经费比约为 1：5，美国等主要发达经济体约为1：2 甚至 1：1。

另一方面，随着 5G、大数据等技术与服务场景的深度融合，传统服务业如批发零售、住宿餐饮等正在经历深刻变革。这些行业与平台经济、共享经济、体验经济等新模式相互交织，共同塑造着经济发展的新格局。在这一过程中，电子商务、网上购物、网约出行等一系列新业态蓬勃发展，展现出强大的生命力和活力。

1.2.5　高融合

高水平服务业在发展过程中可对其他产业和整体经济产生系统性、集成性、综合性的融合推动作用，是高水平服务业区别于一般服务业的最典型特征。高水平服务业的引领效应主要体现在以下几个方面：

第一，高水平服务业与现代农业和高端制造业融合，可创造出更大的经济附加值。党的二十大报告提出"构建优质高效的服务业新体系，推动现代服务业同先进制造业、现代农业深度融合"，为服务业的高质量发展指明了方向。从全球范围来看，服务业高水平发展对农业和制造业都具有巨大的拉动和促进作用。

2021年，中国粮食进口依存度高达19.1%，粮食安全仍面临一定压力，因此，需要大力发展数字农业，利用数字化设备、数字应用程序和人工智能分析技术，如农业机器人、卫星数据分析、传感器实时监测等，让农业生产者做出更明智的决策，以提高农业的效率和生产力，而这离不开高水平服务业的大规模深度介入。

关于服务业与高端制造业的融合（"两业融合"），则更是当前的一个重要趋势。欧美很多制造业大国都已深刻认识到"两业融合"的巨大作用，积极推动深度融合，以保持本国制造业在新生产组织方式下的竞争力。通常来说，"两业融合"会经历三个阶段：①企业生产与服务行业两个主要业务领域各自独立运营，并未形成紧密的融合状态；②随着企业的发展和市场需求的演变，企业开始采取多元化的业务模式，不仅提供商品，还同时提供与商品相关的服务，形成商品与服务并行的经营模式；③企业的产出不再单一地局限于商品或服务，而是一个包含商品、信息、服务支持以及自助式服务等多元元素的综合集合体。在发达国家，自20世纪90年代起，制造业对服务业的依赖度呈大幅上升趋势，至今已进入第三阶段。从国内来看，目前大范围处于第二和第三阶段的过渡阶段。2020年，国家发展和改革委员会经过细致的考察与筛选，在全国范围内确定了 40 个地区和 80 家企业作为国家级"两业融合"试点的核心实施者。在经过一段时间的努力推进和深入实施后，这些试点地区和企业均取得了令人瞩目的成果。不过，国内包括上海的"两业融合"仍然面临发展不平衡、协同性不强、深度不够和政策环境、体制机制存在制约等问题。目前，美国生产性服务业与制造业的融合程度高达 2.862，日本为 1.679，但中国仅为 0.669，未来仍有较大的提升空间。

以手机制造为例，每部手机都集成了超过 1 000 个精密的零部件，这些硬件带来的价值大约占据了产品总价值的 45%。然而，另外 55% 的价值是由操作系统、多样化的应用软件以及芯片设计等无形服务构成的。尽管这些服务难以用肉眼察觉和触摸，但它们却代表了手机整体价值的 55%，是手机价值中不可或缺的重要组成部分。

第二，高水平服务业与低端制造业或低端服务业相结合，可提升行业的生产力和产品价值，并推动其商业模式转型。根据发达国家的经验，中间服务通过介入一些传统行业，可提高行业产品的附加值和生产力，提高其销量和出口能力，并推动其商业模式在服务主导下发生转型，从而实现以服务为主导的增长。据 WTO 统计，服务业占全球贸易附加值 50% 以上，远高于农业（16%）和工业（34%）。而在食品加工、纺织、造纸、化工等低端制造业的国际贸易中，服务业所创造的附加值在 20%～30% 之间。在发达经济体中，这一比例还要更高。

第三，高水平服务业可以促进技术进步，并通过技术"溢出效应"带动整体经济的发展，满足消费者日益个性化、多元化的需求。高水平服务业中的一些领域，比如专业技术服务业，可以通过参与企业生产活动的中间环节而创造巨大的经济附加值，从而提升企业的生产力、竞争力和创造力。同时，对今天的企业而言，在战略设计、融资、营销等各个环节，都有专业服务机构，企业可集中力量于研发和创新，从而实现技术突破，取得领先优势，使社会整体的生产力得到提高，人们的消费需求得到进一步满足。

1.3 高水平服务业加速迈向全球一流

到 2027 年，全球服务市场的规模预计将达到 20.65 万亿美元，复合年均增长率将达到 7.9%，技术将成为未来这一时期服务业的关键驱动性因素。"大智物移云"（大数据、智能化、物联网、移动互联网、云计算）等新技术的发展，解构了诸多原有的传统产业链与生态圈，并不断进行重构和升级，将成为服务业高水平发展的重要推动力，并在未来催生更丰富、更高水平的服务业态。整体来看，未来的高水平服务业在迈向全球一流的进程中，将呈现以下特点：

第一，服务业数字化转型将加速，全球化规模将进一步扩大。数字化对于服务业的发展至关重要，在供需两端推动了服务业的国际化发展和消费范式转变。在供应方面，新的数字网络、数字工具和数字平台可以使服务业企业创新服务的提供方式，并将客户群扩大到全球范围；在需求方面，数字技术可以让消费者以较低的成本，获得更丰富多元的服务。

第二，第一、第二产业的服务化转型将加速，服务业在经济中的支撑引领作用将进一步提升。虽然现在农业技术已经有了很大进步，粮食安全依然是一个重要挑战，而农业的服务化转型，对于农业的现代化、智慧化发展，具有重要的推动作用。第二产业与服务业的结合，即"两业融合"的推进，在大力发展先进制造业以及科技突围的当前，具有极为重要的作用。

第三，服务业专业化将进一步增强，知识与技术密集度将进一步提升。从欧美等国家服务业发展情况来看，无论是生产性服务业还是生活性服务业，专业化、知识化和技术化是通向高水平发展的必然路径。

一方面，我国生产性服务行业如金融、研发设计、信息技术等专业化水平已展现出稳步提升的态势，然而，当前的发展程度尚不足以支撑现代产业体系发展。数据显示，2020 年我国研发设计、信息服务等专业服务在生产性服务业中的占比尚未达到 35％，我国在生产性服务行业的专业化水平上仍有待加强。

另一方面，我国居民消费偏好已经从数量型、粗放型逐渐地转向了质量型，品质型消费逐渐成为当下的热点趋势，倒逼生活性服务业加快转型升级，通过专业化的纵深发展，以及知识和技术密集型服务，以高质量的服务供给满足不断升级的消费需求。

第四，对经济发展和文明进步的引领作用进一步增强，为国家繁荣、社会进步、人民幸福提供重要支撑。根据世界银行预测，到 2050 年，服务业在发展中国家 GDP 中的占比将达到 60％。而据 PWC 预测，到 2030 年，服务业占中国 GDP 的比重将达到 70％（2023 年上半年为 56％），消费市场规模将达到 6 万亿美元，跃居全球第一位。服务业和消费市场的繁荣，将持续推动社会经济的发展以及人民美好生活品质的提升。对于国内高水平服务业的未来趋势，本书对上海、北京、深圳、广州 4 个特大城市服务业发展"十四五"规划进行了词频、词云分析，最后发现，"国际"和"创新"是出现频率最高的两个词，意味着国际化和创新化是这几个城市服务业未来发展的必然趋势。而在上海的规划中，"科技""数字""品牌"出现的频率较高，表明上海服务业在科技化、数字化、品牌化发展方面将重点发力。

最后，需要特别指出，在高水平服务业迈向全球一流的过程中应注意 3 个挑战：

一是数字化鸿沟。目前，全球仍有超过 30 亿人没有接入互联网。在国内，也有 3.7 亿人不上网，超过总人口的 1/4。鉴于高水平服务业很多都以数字形式来交付和呈现，最终这群人会被排除在服务对象之外，无法直接享受到高水平服务业发展的巨大成果。

二是"鲍莫尔病"。"鲍莫尔病"是一个经济现象，特指一个国家在其经济服务化进程中，服务业逐步成长为GDP 和就业人口的最大贡献者。这一阶段标志着经济发展重心转向服务业。然而，在这一过程中，劳动力往往从生产效率较高的"进步部门"流向生产效率相对较低的"非进步部门"。由于这种劳动力的再分配，整体经济增长速度可能会逐渐放缓，这就是"鲍莫尔病"。这一现象在多个经济体的增长历程中均得到实证数据的支持。2012年，中国经济总量中服务业的占比超过制造业，2015年，这一趋势更加明显，服务业在我国经济总量中的比重突破50%的临界点，且其占比持续上升，这标志着中国正式步入了服务经济时代。近10年，中国经济增长逐渐进入了一个稳定但相对缓慢的下行通道。尽管有多种因素共同导致了这一下行趋势，但服务业比重的持续上升及其相对较低的生产效率无疑是其中不可忽视的重要因素之一。

三是产业空心化。在发展服务业的过程中，原先以制造业为主导的物质生产和资本流动，可能会显著地转向经济欠发达的国家和地区，这一现象将使得物质生产在国民经济体系中的核心地位显著降低，进一步加剧物质生产与非物质生产之间原本已失衡的比例关系。因此，在推动高水平服务业发展时，要确保产业结构的平衡，维护制造业作为"立国之本"的根本地位。

第 2 章

从全球竞争态势看
中国高水平服务业

在全球经济一体化的潮流中，随着国际贸易环境的日益开放与国际贸易壁垒的持续降低，加之信息技术的日新月异与广泛应用，全球服务业的竞争格局变得前所未有的激烈且错综复杂。这一宏观背景不仅促进了资源、资本、技术及信息的跨国界流动，还加速了服务业内部结构的深刻变革，催生了多极化、差异化的服务业发展格局。在这一格局下，各国充分认识到服务业作为经济增长新引擎的重要作用，纷纷加大在该领域的投入力度，积极探索创新路径，以期在全球价值链的重塑过程中占据更加核心与有利的位置。

从全球视角出发，深入剖析全球高水平服务业的发展竞争现状，不仅是洞察行业前沿动态的窗口，更是获取宝贵经验与启示的源泉。通过梳理包括航运服务业、金融服务业、生产性服务业等十种服务业全球范围的发展轨迹，能够清晰地看到不同国家和地区如何根据自身资源禀赋、市场需求及政策导向，走出各具特色的服务业发展道路。这些独特路径不仅涵盖了从基础服务到高端服务的全面升级，也涉及了服务模式的创新、服务内容的丰富以及服务质量的提升等多个维度。

对于我国而言，深入研究全球高水平服务业的竞争态势，不仅有助于我国更加准确地把握全球服务业的最新趋

势与未来走向，还能为我国服务业的高质量发展提供重要
参考和借鉴，从而更好地应对全球服务业竞争带来的挑
战，提升我国服务业在全球价值链中的地位和影响力，在
全球服务业的竞争中占据更加有利的位置。

2.1　全球高水平航运服务业发展态势

　　高水平航运服务业是指在航运业领域中，提供高质
量、高效率、全方位的服务，并具备国际竞争力的行业。
它包括各个层面的服务，从港口和船舶管理、货物装卸、
物流运输到航运金融、保险和相关业务等。高水平航运服
务业的目标是提供全球化的航运服务，满足全球贸易和物
流需求。它需要具备先进的管理、高效的运营和良好的客
户服务，为客户提供可靠、便捷和高质量的航运服务。随着
国内外贸易的不断发展和物流需求的增加，对航运服务的需
求也在不断提升。发展高水平航运服务业可以满足多样化的
物流需求，拓宽业务范围，提供更多元化的服务。通过加快
发展高水平航运服务业，可以提升我国在国际市场上的话语
权和影响力，吸引更多的国际航运企业和投资。

　　下面将逐一介绍新加坡、鹿特丹、迪拜、雅典等地的
全球顶尖高水平航运服务业特点。

2.1.1 新加坡

新加坡在亚洲航运服务业中被认为是最强的地方。它拥有世界一流的港口基础设施和先进的物流系统，提供高效的货物处理和船舶服务。新加坡港口的集装箱吞吐量持续增长，展示了其在集装箱运输方面的强劲实力。尽管受到新冠疫情的影响，但新加坡在恢复期间采取了积极的措施，包括提供物流支持和优化港口运营。目前，新加坡航运服务业已经逐渐恢复，并继续吸引全球航运公司的投资。根据有关数据，新加坡港口的集装箱吞吐量在 2022 年达到了 3 717 万标箱，较前一年增长了 6.6%。此外，新加坡仍然是世界最繁忙的油轮汇聚地之一，2019 年燃油供应量超过 5 000 万吨。

2.1.2 鹿特丹

作为欧洲最大的港口之一，鹿特丹一直致力于提供高水平的航运服务。鹿特丹港拥有现代化的港口基础设施和先进的物流技术，提供高水平的货物处理和航运服务。新冠疫情后，鹿特丹港采取了应对措施，保持了良好的运营状态，并继续发展其现代化的港口基础设施。鹿特丹港也通过数字化创新，提高了货物处理效率和物流可视化程度。根据数据，2022 年其货物吞吐量达到 4.35 亿吨，同比增长了 12%。此外，鹿特丹也是全球最大的集装箱港口之一，在 2022 年处理了约 1 450 万标箱。

2.1.3　迪拜

迪拜提供高效的货物处理和船舶服务。迪拜吸引了众多的国际航运公司和物流企业进驻，其现代化的物流园区为各类货物提供了便利的流通环境。迪拜是中东地区的重要航运中心之一，其在新冠疫情期间成功应对了挑战，并采取了措施以确保持续运营。根据数据，2022 年迪拜港的集装箱吞吐量达到了 2 150 万标箱，较前一年增长了 5.1%。此外，迪拜的货物吞吐量也达到了 1.5 亿吨。

2.1.4　雅典

作为地中海地区的航运枢纽，雅典在新冠疫情后积极发展航运服务业。雅典港采取了疫情期间的防控措施，并通过提供高质量的港口设施和服务，吸引更多的航运公司和船舶进驻。此外，雅典港也加强了与周边国家港口的合作，提高了整个地中海地区的货物流通效率。雅典港在 2022 年处理了大约 500 万个集装箱，同比增长了 8%。此外，该港口还处理了约 2 500 万吨的货物。

这些城市在新冠疫情后都致力于提供高水平的航运服务，在应对疫情挑战的同时，通过创新和合作实现了发展和增长。它们继续吸引全球航运公司和物流企业，并持续投资于航运基础设施建设和技术创新，以提高运输效率和服务质量。

2.2　全球高水平金融服务业发展态势

金融服务业水平是一个金融中心发达与否的重要标志，金融中心的建设离不开监管配套的有力支撑，而金融制度体系的构建又与一国或地区的金融体系、法律制度、发展阶段甚至社会文化等密切相关。当前，在基本建成与我国经济实力以及人民币国际地位相适应的国际金融中心的基础上，金融业正紧紧围绕服务实体经济、防控系统性金融风险、深化金融改革开放等任务，持续朝更高水平、更强能级迈进。下面介绍美国、英国、日本、新加坡、中国香港等全球金融发达国家和地区的金融服务业发展经验。

2.2.1　美国

美国是世界头号金融大国和金融强国，拥有相对完善的金融监管体系。整体而言，美国的金融监管体系可归纳为"伞形＋双峰"监管模式。所谓"伞形"监管模式，是指按照金融业务的功能实施监管，对不同类型金融机构开展的类似业务进行标准统一的监管，形成由一家机构主导审慎监管、多家机构共同承担行为监管的监管结构。而

"双峰"监管模式①，则是以更为独立的组织架构实践审慎监管和行为监管，强调行为监管的目标本质上不同于审慎监管，需要一个独立监管机构专司行为监管，从而形成由两家机构来分别承担审慎监管和行为监管职责的监管模式。

2008 年之前，美国采用的是"伞形监管"的金融监管模式。该模式的特点是在联邦和州两个层级政府上，存在多个并行的金融监管机构，形成"双重多头"监管体制。在联邦层面上，主要监管机构包括美联储（Federal Reserve System）、货币监理署（Office of the Comptroller of the Currency）、联邦存款保险公司（Federal Deposit Insurance Corporation）、储贷监理署（Office of Thrift Supervision）、国家信用社管理局（National Credit Union Administration）以及证券交易委员会（Securities and Exchange Commission）等。而保险业的监管则主要由各州独立进行，美国 50 个州有各自订立金融法规和设立监管机构的权力。2008 年金融危机爆发之后，美国监管体系

---

① 1995 年迈克·泰勒（Michael Taylor）提出"双峰"理论。泰勒认为，金融监管应当由两类相互独立、目标差异的监管机构共同实施监管，既要维护金融机构的稳健经营和金融体系的稳定，防范系统性风险，即审慎监管，又要纠正金融机构的机会主义行为，防止欺诈和不公正交易，保障消费者权益不受侵害，维护金融市场的公平、公正与稳健运行，即行为监管。"双峰"监管理论的提出，标志着系统性探究行为监管问题的新时代的开启。

与当时全球化、高度融合的金融业发展现状严重不适应，于是推出"大萧条"以来美国最全面、最严厉的金融改革法案，聚焦风险防控，重塑金融监管框架，突出央行核心地位，强化风险管理，创新监管手段，提升防控效能，扩大美联储的监管范围；财政部设立金融稳定监管理事会，负责管理系统性风险；设立消费者金融保护局，加强对消费者和投资者的保护，逐渐呈现出"伞形＋双峰"的特点。

特朗普执政时期，美国通过推进税制改革以及签署《放松监管法案》，逐步放松了对金融行业的监管力度。而在拜登政府期间，又进一步加强了对金融的监管。

整体来看，当前美国的金融监管体系有如下特点：

第一，在监管体制上，呈现典型的双层（纵向）、多头（横向）特点，其中，联邦一级的监管部门包括美联储（FRS）、证券交易委员会（SEC）、货币监理署（OCC）等；州一级监管部门主要为各州银行、证券、信托监管局等。

第二，在组织架构上，中央金融管理部门的触角并未深入地方各级。尽管一些联邦监管机构在全国不同区域设有分支机构，但真正下沉到地方一级的监管力量相对有限。这使得金融监管的协调和统一面临挑战。为了应对这一挑战，美国通过法律规则的统一和委员会的投票机制来加强联邦层面对地方金融监管的指导和协调。联邦行业协会扮演着重要角色，为各州提供监管指导和"模板法律"，以减少因法律差异而导致的监管效能降低和金融机构合规成本增加。金融稳定监督委员会则通过投票机制，汇聚来自联邦和州级监管机构的委员，共同商讨和决策金融监管事项。

第三，在监管形式上，美国地方金融监管展现了明显的分业特征。各州根据自身情况制定监管规则，对金融机构进行独立监管，同时也具有分业监管的特征，各州针对不同的金融行业设立金融管理部门，按照法律规定，对行政区划内的金融机构进行监督管理。而在核心区域，纽约金融监管局具备和我国中央金融监管部门相似的分业监管职能，而且从监管对象的视角来看，其覆盖的范围相较于条线化的金融监管机构更为广泛。这些区域性的监管机构不仅承担着维护金融稳定的重任，还在新兴领域如虚拟货币、数据监管等金融前沿领域积极探索和创新。

2.2.2　英国

英国是世界上金融业发展最早、最成熟的国家之一，其金融监管体制经历了从分业监管、统一监管到"双峰"监管的历史变革。"双峰"监管框架由英格兰银行下设的 2

个独立金融监管机构组成：审慎监管局（Prudential Regulation Authority，PRA）和金融行为监管局（Financial Conduct Authority，FCA）。两者各自拥有不同的监管职责：审慎监管局主要聚焦于对银行、保险公司、信贷公司等大型投资机构的监管，以确保这些机构的稳健运营和风险防范；而金融行为监管局则主要对其他中小型投资机构、保险经纪等金融机构进行监管。

英国"双峰"监管模式具有如下鲜明特点：

第一，中央银行既直接承担"双峰"中的微观审慎，又以宏观审慎统筹"双峰"。英格兰银行在"双峰"监管模式中发挥着双重核心作用。它直接执行微观审慎监管。英格兰银行设立货币政策委员会（MPC）、金融政策委员会（FPC）、审慎监管委员会（PRC），分别负责货币政策制定、宏观审慎、微观审慎。三者主席相同，均由英格兰银行行长担任；三者法律地位平等，独立运作、紧密协同。英格兰银行还从宏观审慎的角度全面指导"双峰"监管体系。其内设的金融政策委员会致力于防范系统性风险并确保金融的稳定。该委员会负责制订宏观审慎政策，并不直接执行监管工作，通过向审慎监管局和行为监管局发出政策指导或向其他监管机构提供建议，由这些机构负责具体的执行工作。在金融稳定的大局中，金融政策委员会是指挥与决策的中心，"双峰"监管机构则是实施者。通过这种机制，英格兰银行有效地协调整个"双峰"监管体系。

第二，对中小金融机构实施统一监管。英国未简单地应用"双峰"监管模式，而是根据机构的系统性影响进行分类监管。行为监管局对无系统性影响的中小金融机构实施统一监管，而审慎监管局则专注于对具有系统重要性的金融机构，如银行、建筑协会、主要投资公司等约 15 000家机构进行微观审慎监管。同时，行为监管局还负责行为监管，并承担审慎监管局监管范围以外的所有机构的微观审慎监管，这些机构包括影响相对较小的投资公司、信贷保险中介等，总计约 18 000 家。

第三，多种机制安排实现"双峰"之间的有效协调配合。为了有效协调"双峰"监管模式下的不同监管目标，英国建立了多层次的协调机制。这包括以立法的形式明确各监管机构的职责和合作框架，签署监管备忘录以建立全面的协调机制，以及采用高层领导交叉任职的策略，以确保各监管机构之间的顺畅沟通与协作。

2.2.3　日本

日本进行了金融大爆炸式改革，实行集中统一的金融监管。日本自 1997 年起进行了全方位金融改革，这一改革打破了银行、证券和信托子公司之间的业务壁垒，推动了金融控股公司的混合业务运营。为了适应这一改革，日本颁布了《金融监督厅设置法》，并新设金融监督厅，后更名为金融厅。这一新机构逐步取代了大藏省的金融监督职能，标志着日本金融监管体系在适应金融自由化和国际化趋势方面的一次根本性改革。

从监管模式来看，日本金融厅当前金融监管的最大特点是进行集中统一的金融监管。日本金融监管体系以金融厅为核心，金融管理集中、法规统一，有助于提高监管效率，为金融机构提供良好的社会化服务。

在监管过程中，日本金融厅注重和央行在宏观审慎监管中的配合，并通过各种举措加强对系统性风险的监管。

另外，不同类型的金融机构也有行业自律组织（SRO）。例如，日本银行家协会、日本证券交易商协会、日本支付服务协会和日本虚拟和加密资产交易协会，它们制定了指导方针，并宣传行业最佳实践。这些 SRO 准则被视为行业中的准法规。

2.2.4　新加坡

新加坡是最早开始进行金融监管的国家之一，监管机制已经完备。新加坡的金融监管主体为金融监管局，简称MAS。作为深受英国影响的国家，新加坡崇尚高度的法治和严格的管理，新加坡的金融监管局拥有极高的独立性和权威性，能够有效地对新加坡的金融行业进行统一监管。

在监管理念上，MAS 注重：①由管制向监管转变，施行灵活开放的金融监管机制；②注重风险管理，建立适应国情的信用评级，进行风险甄别；③注重金融机构的公司治理和内部控制；④强调审慎会计原则和监督原则；⑤注重人才和激励。

在监管模式上，MAS 的监管具有以下特点：

第一，监管当局具有较强的独立性。MAS 采取了董事会—执行总裁办—职能部门的治理结构模式。MAS 董事会由政府官员及财政金融界、法律界的资深要员组成，这种人员构成为保证 MAS 职能的有效行使发挥了重要作用，同时，并没有过多地影响 MAS 的独立性，在实施宏观调控和金融监管的过程中有相当的独立性和很高的权威性。

第二，实行混业经营和合业监管的体制。MAS 身兼中央银行调控和银行、证券、保险等金融行业监管双重职责，也是全面负责金融行业准入和金融机构注册的主体。新加坡 MAS 所颁发的牌照种类非常多，其中包含了外汇、小型支付、大型支付等类型的牌照。

第三，从以合规监管为重心转移到以风险监管为核心。在构建风险监管体系时，新加坡紧密依托政府监管、企业管理和市场规制，并特别重视风险管控技术的创新。如为了更有效地管理流动性、科技等多元化风险，新加坡设立了专门的监管部门，并引进具备专业知识的人才，以确保这些风险得到妥善的监管和控制，推动新加坡向世界金融中心的目标不断发展。

在监管方式方面，MAS 尤其重视对"监管沙盒"和监管科技的运用。新加坡是全球第二个推出监管沙盒的国家（仅晚于英国），同时还有清晰的人工智能与数据分析应用监管原则，以确保在金融领域使用人工智能和数据分析的公平性、道德规范、可问责性和透明度。

2.2.5　中国香港

中国香港的金融监管模式具有分业监管、与国际标准接轨和政府监管与行业自律并重三大特点。香港的金融监管历程经历了 3 个显著的发展阶段。第一阶段是"行业自律主导"，从 19 世纪末一直延续到 20 世纪 60 年代，这一时期的金融监管主要由行业内部自行管理，强调行业内部的自律和自我规范。第二阶段是"积极不干预"，该阶段自 20 世纪 60 年代末开始，一直持续到 90 年代末。在这一阶段，政府对于金融市场的监管采取较为宽松的态度，尽量减少对市场的直接干预，让市场自由发展。第三阶段是"大市场、小政府"，从 20 世纪 90 年代末至今，这一阶段的金融监管在保持市场活力的同时，更加注重政府的监管作用，形成一种政府与市场共同参与的金融监管模式，旨在实现金融市场的稳定和健康发展。

香港的金融监管具有以下特点：

第一，分业监管。香港是全球少数采用混业经营、分业监管的地区，这主要源于其独特的经济和金融环境。目前，香港的金融监管机构主要有负责监管银行业的香港金融监管局、负责监管证券业的证券及期货事务监察委员会和负责监管保险业的保险业监管局。

第二，监管标准与国际标准接轨。以银行业为例，香港是全球率先实行《巴塞尔协议Ⅱ》的地区之一，2008 年金融危机后又开始分阶段实施《巴塞尔协议Ⅲ》，进一步加强对银行业的监管。

第三，政府监管与行业自律并重。政府通过设立专业的监管机构确保金融市场的稳定和公平。同时，行业自律机构如香港银行公会、香港保险业联会和香港交易所也发挥着重要作用，通过制定行业规则、监督会员行为等方式，控制和审查内部风险，维护市场秩序和保护消费者权益。这种政府监管与行业自律并重的模式，通过信息共享和合作，确保了监管政策的制定和执行更加全面和有效，形成了自律与他律结合、多层次、多形式的监管体系，为金融市场的健康发展提供了有力保障。

2.3   全球高水平生产性服务业发展态势

从服务功能的角度，服务业可以分为生产性服务业和生活性服务业。对于两者概念的内涵和外延，国际上尚未形成共识。总的来说，生产性服务业是一种中间服务部门，主要为各类市场主体的生产活动提供服务，而生活性服务业提供的服务主要用于居民最终消费。还有学者进一步区分出功能性服务业，例如，金融业既服务于生产又服务于生活，实际上已包含在生产性服务业和生活性服务业之内。

与生活性服务业相比，生产性服务业主要具有以下特点：高度专业性，生产性服务业人力资本和知识资本高度密集，提供各项专业化的服务；产业关联度，生产性服务业具有中间投入性，体现为制造企业或服务企业的生产成本；空间可分性，提供生产性服务不受空间限制，可以进行跨区域、跨国转移；空间集聚性，高水平生产性服务业主要通过跨国投资、在主要城市设立分支机构来实现生产和销售。

由于地域环境、经济发展阶段不同，不同国家和地区以及不同机构对生产性服务业范围的界定存在差异，通常涵盖金融和保险，房地产，运输和存储，信息和通信，专业、科学和技术活动，管理及支持性服务业等内容。国际性组织以及各国经济统计机构根据产业结构的动态变化，经常适时地对生产性服务业的活动范围进行调整。2019年，中国国家统计局对生产性服务业分类部分内容进行调整，形成了《生产性服务业统计分类（2019）》，包括 10 个大类，35 个中类，171 个小类。

根据所依赖的资源要素不同，生产性服务业可被细分为传统与新兴两大类别。传统生产性服务业往往具备较大的资本规模，并在经济活动中扮演着"资本中介"的关键角色，协助资金与资源的有效流通和配置，包括金融业、房地产业和保险业等领域。新兴生产性服务业包括会计服务、信息服务、研发技术服务、法律服务以及人力资源服务等行业，以知识要素作为主要投入，承担"知识经纪人"的角色。

根据技术密集程度，研究中通常将生产性服务业划分为高技术、中技术、低技术三类。以国家统计局的统计分类为基础，为生产活动提供的研发设计与其他技术服务、信息服务、商务服务、人力资源管理与职业教育培训服务属于高技术生产性服务业，金融服务、节能与环保服务、生产性租赁服务、生产性支持服务属于中技术生产性服务业，基础物流服务、零售和批发服务和清洁维护服务等属于低技术生产性服务业。

自 20 世纪 70 年代起，生产性服务业在发达国家呈现出迅猛的增长势头，不仅成为现代服务业经济增长的主要驱动力，还是就业增长的关键部门。统计数据显示，生产性服务业在发达国家的国民经济中所占的比重已显著超过 50%，具体而言，美国占比高达 70%，欧盟为 55.6%，日本为 57%。进一步来说，生产性服务业在 OECD 成员国的经济总量中占比已超过 1/3。生产性服务业对推动工业特别是制造业的发展具有不可或缺的关键作用，更是新一轮全球产业分工与合作的重要决定因素。发达国家生产性服务业的特点，主要体现为：

第一，资源要素从劳动、资本密集转向技术、知识密集。发达国家生产性服务业比重的提升，与整体经济规模、社会分工以及技术升级等有着密切的联系。从资源要素上看，发达国家实现了从早期的劳动资本密集型产业向技术、知识密集型产业的转变。生产性服务业发展逐步深化，也可以看成是其发展所依赖的资源要素由"劳动—资本—技术—知识"的演变和升级的过程。近年来，全球大多数国家均加大了对教育和科技培训的投入力度，积极培养科技创新人才。

第二，生产性服务业与制造业融合趋势不断增强。在服务业与制造业相互渗透、共同成长的推动下，一体化的生产体系逐步建立。两者之间的融合主要通过两种互动方式得以实现。一种是企业将原本独立的生产和服务环节紧密结合，使产品更加融合制造和服务的双重特性，形成一种全新的、综合性的产品形态，即"纵向整合"；另一种是制造企业"横向外购"服务产品，将原本内置于企业的服务外包给专业的生产性服务业企业。美国自金融危机后推行"再工业化"战略，主要是以制造业回归为契机，提升生产性服务业发展水平，强化其国际产业链条的高端地位。

第三，通过跨国投资抢占全球价值链的高端环节。跨国投资成为发达国家发展生产性服务业的核心策略。通过在全球范围内建立信息资源共享平台，资源配置效率得到优化，进一步巩固了其在国际分工和竞争中的领先地位，大大增强了其全球影响力和控制力。跨国投资的形式多种多样，包括海外投资、离岸外包以及特许权管理合同的授予等。其中，生产性服务业的外包尤为关键，许多跨国公司选择将后勤职能或客户服务等非核心业务外包给新兴国家，从而专注于保持其核心业务竞争优势。作为全球最大的生产性服务外包国，美国引领了这一趋势，其他发达国家如英国、日本也紧随其后，积极发展服务外包。

第四，全球生产性服务业的数字化、智能化加速。全球生产性服务业的数字化、智能化、自动化和远程化正以前所未有的速度加速发展，这一趋势正在根本改变制造业的运作模式、业务流程和客户互动方式。目前企业获得所需的数字技术有三大途径。方式一是自主研发，例如，国际商业机器公司（IBM）作为全球最大的信息技术和业务解决方案公司，自主研发了供应链管理、人工智能、智能运维等解决方案。方式二是通过购买技术服务或合作开发，例如，宝马公司与微软合作开发了基于云计算的平台。方式三是通过并购获得相关技术，例如，维斯塔斯通过收购 Utopus Insights 公司，在特定领域数字化转型战略上获得重要推进；UL 通过收购太阳能数据分析领域的领先企业 Clear Sky Analytics，进一步加速了在数字化领域的转型和升级。

2.4　全球高水平制造服务业发展态势

在全球产业链重构的背景下，提振工业经济实力、促进实体经济健康发展至关重要。现代产业在数字化和商业模式的变革和创新的推动下，跨业融合趋势明显，特别是制造业与服务业的深度融合，即"两业融合"已成为显著特征。这一融合源于工业化进程的演进，随着劳动力从农业向工业再向服务业转移，服务业占比不断提升，成为全球经济增长的主要动力。生产性服务业作为推动产业结构调整和价值链升级的关键力量，得到了世界各国的高度重视，各国通过政策支持推动先进制造业与现代服务业的融合发展。这一融合不仅顺应了产业变革、科技革命和消费升级的需求，也是增强产业竞争力和实现高质量发展的重要途径。

2.4.1　世界先进制造服务业整体发展格局

世界先进制造业创新格局与技术应用呈现多元化的特点，先进制造业对城市经济发展的贡献较为稳定且重要。

第一，从国家来看，形成了中国、美国、日本三国为主的创新格局。2021 年 PCT 国际专利申请数量，中国 6.95 万件，美国 5.96 万件，日本 5.03 万件，居于前 3 位（见图 2 - 1）。从技术应用领域来看，以计算机技术和数字通信组成的信息技术、医学技术和能源设备三大技术最为活跃，形成了信息技术、生物技术和能源技术的三大技术应用格局。3 个领域的 PCT 专利申请数量分别为 2.6 万件、2.4 万件和 1.9 万件。

第二，先进制造业主要集中在汽车、食品、机械、化

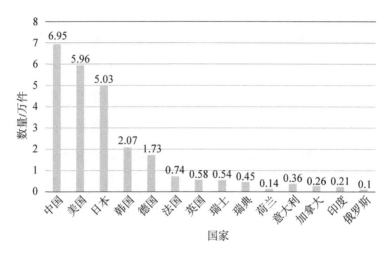

图 2-1　2021 年主要国家 PCT 专利申请情况

数据来源：世界知识产权组织。

工、石油、航空航天等产业，且先进制造业对城市经济发展的贡献突出。2022 年 3 月，世界经济论坛发布了《全球先进制造业网络枢纽：2021 年度报告》，对比分析了世界上 13 个地区的全球先进制造业网络枢纽（the global network of advanced manufacturing hubs，简称 AMHUB）。在各网络枢纽中，排名前三的制造业主要集中在汽车、食品、机械、化工、石油、航空航天等产业。西班牙、意大利、丹麦、美国、澳大利亚、韩国等发达国家的 AMHUB 排名前三的产业主要集中在汽车、机械、航空、通信等领域；沙特和卡塔尔的 AMHUB 排名前三的产业主要集中在石油、天然气、化学品和石化产品等领域；巴西、土耳其、印度的 AMHUB 排名前三的产业主要集中在食品、汽车、金属、矿产等领域（见表 2 - 1）。这表明发展水平和地域特征影响了 AMHUB 的发展方向。同时，制造业劳动力占比和产值占比在 2020 年和 2021 年间的波动幅度较小，多为持平状态，并且劳动力占总就业比值和产值占总产值比值较高，这说明先进制造业对城市经济发展的贡献较为稳定且重要。

表 2 - 1 2021 年全球先进制造业网络枢纽对比

地区	枢纽主导实体	前三制造业	制造业劳动占比/%	制造业产值占比/%
西班牙巴斯克	英诺法利集团	汽车业、航空业、机床业	20	16
巴西	巴西工业发展署	视频、生物燃料和化学品、汽车	20	20
丹麦	丹麦增材制造中心	机械、食品和饮料、建筑	13	15
意大利伦巴第	伦巴第智能工厂协会	机电、机械、食品制造	25	25
美国密歇根州	汽车行业协会	汽车、航空/国防、农业	14	19
美国新英格兰	史丹利百德、郁金香平台	计算机、电子和通信设备业、国防和航空航天、制药和生物技术	8	9

地区	枢纽主导实体	前三制造业	制造业劳动占比/%	制造业产值占比/%
美国俄亥俄州	乔布斯俄亥俄	化工、食品、汽车	12	16
卡塔尔	卡塔尔发展银行	石油化工、塑料和橡胶、建筑材料	4.7	9
澳大利亚昆士兰	昆士兰州区域发展、制造和水资源部	食品、机械设备、运输设备	7.2	6.4
沙特阿拉伯	沙特工业发展基金	化学品和化工产品、精炼石油产品、食品和饮料	10.2	12.8
印度泰米尔纳德邦	泰米尔纳德邦指导委员会	汽车、纺织品、食品	11	25
土耳其	土耳其金属工业企业家协会	汽车、化工、钢铁	4.3	25
韩国蔚山	蔚山国家科技学院	汽车、炼油和石化、造船	29.4	51.3

资料来源：World Economic Forum. Global network of advanced manufacturing hubs：annual report 2021［R/OL］．（2022 - 04 - 07）　［2024 - 06 - 11］. https：//www3. weforum. org/docs/WEF _ Global _ Network _ of _ Advanced _ Manufacturing _ Hubs _ 2022. pdf.

2.4.2　美国：制造业的强大以生产性服务业的发达为基础

自 20 世纪 90 年代起，美国的生产性服务业稳定地占据服务业总量的 70% 左右。金融、咨询、评估等生产性服务的全球输出巩固了美国在全球价值链顶端的地位。2023年，美国经济结构中，制造业占比为 10.8%，服务业占比高达 77%。值得注意的是，服务业中有 40% 是支持制造业的，这表明制造业在经济中的实际影响达到了 40%。

（1）高端制造，打造制造业核心竞争力。美国的制造业不仅覆盖领域广泛，更在全球范围内展现出强大的竞争力，其中，有三个领域尤为突出。

第一个是航空航天及其运输装备行业和军工行业。美国的航空航天与军工行业在全球舞台上占据核心地位，被公认为最大且最尖端的市场之一，具有高技术含量、高附加值、强竞争力的特点。根据航空航天工业协会的数据，美国的全球市场份额超过 38%，年出口额高达 1 500 亿美元以上。如波音和洛克希德·马丁等企业在全球市场上展现出显著的优势，即使在新冠疫情冲击下也实现了公司的盈利。

第二个是汽车的设计与制造行业。这是一个高度集成且技术密集的领域，不仅需要精深的机械设备知识，还需要自动化技术的精确运用，以及计算机科技的强力支持。从汽车的外壳到内部的发动机，从底盘到电子系统，每一个环节都涉及对材料科学的深入研究与应用，一个国家的技术水平、创新能力、管理水平以及产业协同能力都会得到充分的展现。

第三个是医疗设备与制药行业。该行业以其创新精神和技术尖端性著称，美国持续引领着行业发展。据美国国际贸易委员会的报告，美国医疗设备市场规模高达约1 600亿美元，同时还是全球最大的制药市场，年销售额超过4 500亿美元。诸如强生、辉瑞和默克等知名企业，都在全球范围内享有盛誉。根据欧盟委员会发布的"2019年全球企业研发投入排行榜"数据，美国在2019年有5家生物制药公司位列全球研发强度最高企业前10名。

此外，美国制造业的研发支出从2000年的1 842亿美元增长至2019年的2 936亿美元。在制造业的研发领域中，医药行业的占比最高，达到30.6%，投入达898亿美元；紧随其后的是计算机和电子产品，占17.9%；半导体和其他电子元件占12.6%；汽车及零部件占9.2%。

（2）高层次引领，健全的科技发展战略促进生产性服务业和制造业快速融合。一方面，美国在其科技发展战略中特别强调科学、技术与生产之间的深度融合，制定正确的科技战略，实现科技与生产的快速转化；另一方面，美国通过制定整体发展计划推动互联网信息技术的快速发展。例如，美国政府实施国家信息基础设施行动计划，该计划致力于打造一个强大而完善的通信网，促进信息技术与传统制造业的紧密结合。此外，美国还不断推进21世纪信息技术计划，该计划聚焦于发展先进的计算技术、云计算和大数据技术，为制造业提供智能化的解决方案，通过实时数据分析，帮助制造业企业提升生产效率，优化产品质量。这些战略使得美国的生产性服务业与制造业具有巨大的国际竞争优势。

（3）高水平创新，大力支持中小企业科学技术创新，为生产性服务业与制造业可持续发展提供长久动力。为了激发中小企业的科技创新活力并保障生产性服务业与制造业的持续增长动力，美国政府制定了一系列政策。首先，成立中小企业局（SBA），该机构为中小企业量身定制多元化的融资策略，包括贷款担保和风险投资，极大地缓解了初创企业面临的资金压力。其次，美国在全国范围内广泛建立中小企业发展中心（SBDC），这些中心为中小企业提供从管理咨询到操作指导，再到技术培训的全方位支持，通过引导中小企业利用最新的科技成果和商业策略，帮助它们在市场中脱颖而出。这些举措不仅显著提升了中小企业在市场中的竞争力，而且推动了整个行业的技术革新和创新步伐。

2.4.3　日本：制造服务业在政策支持下呈现出高档转换和高水平培育的特点

2021 年，日本 GDP 为 4.9 万亿美元，其中，制造业

GDP 达到了 0.98 万亿美元，占 GDP 的比重达到 20%。近 10 年来，日本制造业占 GDP 的比重一直在 20%上下浮动。为实现工业振兴，政府对生产性服务业与制造业的两业互动发展采取了多种政策措施，可以归纳为以下两个方面：

（1）高档转换，优势产业由传统装备制造业转换到新兴领域。日本在全球经济格局中的产业重心从曾经引领世界的传统产业，如电子产品和汽车，逐渐转向新兴的光学、半导体材料、精密仪器和自动化等高科技产业。日本错误选择与全球主流电动汽车方向不同的氢能源汽车作为其主要发展方向，使其在汽车领域的传统优势正在逐渐削弱。在电子产品领域，日本企业如索尼、东芝等曾经拥有强大的市场地位，但随着全球电子市场的竞争日益激烈，新兴科技企业的崛起和消费者需求的多样化，日本企业的市场份额逐渐下降。然而，尽管日本在传统优势产业上失去了部分市场份额，但其在新兴高科技产业领域建立起了巨大的优势。在光学产业领域，日本凭借其在光学元件、光学组件和光学整机上的技术积累和创新能力，占据了全球领先地位。以相机为例，日本佳能、尼康和索尼占据大部分市场份额，尖端相机几乎全部出自这三家公司。此外，在工业机器人领域，日本也拥有强大的实力。工业机器人的四大龙头企业中，日本就独占其二，分别是发那科公司和安川电机公司。

（2）高水平培育，重视产学研协同合作对生产性服务业发展的推动作用。首先，日本积极构建产学研合作平台，大学、研究机构与企业之间建立了紧密的合作关系。例如，东京大学与多家企业合作，共同研发前沿科技和创新解决方案，这种合作不仅加速了科研成果的商业化进程，还为在校学生提供了宝贵的实践经验。其次，政府推动的特定项目为产学研合作注入了强大的动力。例如，日本政府支持的科学技术振兴机构（JST）启动了多个涉及人工智能、生物科技等领域的项目，积极鼓励大学、研究机构与企业展开合作，从而推动这些领域的创新和技术转移。

2.4.4　英国：生产性服务业与高新技术产业高效耦合

18 世纪的英国经历了工业革命，成为世界领先的工商业大国。自此之后，服务业蓬勃发展，从银行业到航运业，从管理咨询到养老金业务，服务业已成为英国经济的重要基石。如今，服务业占英国经济总产出的 79％，占就业人数的 82％。在英国，生产性服务业与高新技术产业的耦合提高了生产性服务业的效率，促进了生产性服务业的外包，并能刺激其他产业增加生产性服务投入。

英国的生物技术产业发展是生产性服务业与高新技术

产业耦合的一个典型案例。英国生物技术产业在世界市场上占据重要地位，目前已有 270 家生物技术企业，占欧洲的 1/3，涉及制药、农业和食品等领域。这一成果的取得得益于生物技术产业与生产性服务业的耦合：

（1）高水平服务，一流的研发服务体系为生物技术产业提供研发支持。英国政府一直致力于通过建立一流的研发设施和鼓励公私合作伙伴关系来支持生物技术产业的发展。为了吸引投资并创造有利的研发环境，政府采取一系列措施，包括资金支持、税收优惠和简化监管程序。这些措施为生物技术产业提供了强大的动力，并促进该领域的创新和增长。例如，剑桥生物医学园区是欧洲最大的生物医学研究中心之一，聚集了大量的生物技术公司和研究机构，包括威尔科姆信托基因组研究所和剑桥大学医学院。这种集群效应加速了科研成果的商业化和技术转移。

（2）完善的金融服务体系为生物技术产业提供融资支持。英国具有完善和健全的资本市场，能满足不同发展阶段的企业的融资需求。英国政府与私营部门携手合作，为生物技术企业提供多元化的融资渠道，包括风险投资、政府拨款和公开市场融资，以满足企业从早期研发到商业化各阶段的资金需求。例如，英国生物技术和生物科学研究理事会为创新企业提供资金支持，帮助其发展新技术和产品。此外，伦敦证券交易所的 AIM 市场为小型生物技术创新企业提供资本筹集平台，以支持其发展。这些多元化的融资渠道为英国的生物技术产业注入了强大的动力，推动该领域的创新和增长。

2.4.5　德国：生产性服务业与制造业协同，呈现高创新、领军企业与中小企业协同发展态势

德国是欧洲发达经济体中的制造强国代表，20 世纪 90 年代以来，其生产性服务业占 GDP 的比重多年来维持在 45%～50%，是支持其率先迈向"工业 4.0 时代"的坚强后盾。德国在生产性服务业与制造业的协同方面有三点经验值得借鉴。

（1）高水平创新，以技术创新带动产业升级。具体表现在：第一，面对煤炭资源紧缺的挑战，德国进行产业结构调整，压缩传统工业份额，以扩大高新产业的比重。在钢铁产业中，德国企业通过降低燃料和原料的进口成本，采用新技术生产质量优良和性能独特的钢产品，从而在全球市场上获得竞争优势。第二，德国在技术密集型产业方面具有显著优势，并积极推动医疗器械、机械制造等产业的发展。这些产业的技术研发投入占德国 GDP 的 2.5%。通过技术创新，这些产业实现了从传统制造向智能制造的转型，提高了生产效率和产品质量。2006—2009 年，德国

政府投入 150 亿欧元支持 17 个领域的创新与研发，并通过研发资助、税收减免引导企业投入。该政策成效显著，目前，德国私人部门研发投入占研发投入总额的 2/3，德国高技术产品出口领先世界，注册专利拥有量也远远超过其他欧洲国家。

（2）发挥行业协会的纽带作用。德国行业协会和联合会组织较为发达，其数量达到了 30 万个，覆盖德国各个地区和行业。这些行业协会不仅是企业和政府之间的桥梁和纽带，更在经济发展中起到了至关重要的作用。德国的行业协会不仅为政府制定经济政策提供宝贵的建议和咨询，还为企业提供包括信息咨询、职业教育等在内的全方位服务。这些服务不仅帮助企业解决了许多实际问题，还在很大程度上提升了企业的竞争力和社会声誉。特别是在制造业这一德国经济的支柱产业中，行业协会的作用更是举足轻重。它们对国家的质量、技术、环保和税收等政策的监督实施起到了巨大的推动作用，确保制造业的健康发展和企业的合法权益。其中，德国联邦工业协会作为工业界的统一组织，其规模庞大，影响力广泛。它不仅与政府部门决策者保持着紧密的沟通，还与国际组织建立了良好的联络关系，为工业发展提供了多方面的支持。弗劳恩霍夫应用研究促进协会则是一个专注于为企业提供科研服务的行业组织，它拥有众多的研究所和研究人员，采取"合同科研"的方式为企业提供技术研发服务，为德国制造业的持续发展提供了强大的技术支撑。

（3）充分重视中小企业的发展。第一，德国政府高度重视中小企业的成长环境，为此制定了一系列政策法规并成立了相应的管理机构。这些政策法规，如《中小企业促进法》和《关于提高中小企业效率的行动计划》等，为中小企业提供了明确的法律保障和政策支持。同时，德国还设立了众多专门支持中小企业发展的机构，为中小企业提供咨询、培训、资金支持等多方面的服务。第二，德国在中小企业融资方面也给予了极大的支持。政府每年都会为中小企业发展提供专项财政预算，占 70%。此外，德国还不断健全融资支持体系，包括各种形式的贷款、担保、风险投资等，为中小企业提供多样化的融资选择。第三，德国在中小企业的技术扶持方面也做出了巨大的努力。政府通过建立"示范中心"和"技术对口的访问和信息计划"，不仅帮助中小企业了解最新的技术动态和市场趋势，还促进中小企业与科研机构、高校等机构的合作研发，推动中小企业的技术创新和产业升级。

世界先进经济体的制造业发展经验表明，生产性服务业对制造业的作用逐步从"需求依附""相互支撑"转向

"发展引领"，强大的制造业建立在高度发达的生产性服务业基础之上。

2.5　全球高水平技术服务业发展态势

技术服务业，是指向客户提供咨询、设计、开发、技术支持等服务，从而为客户提供具有技术含量的解决方案和服务的产业，简单而言是"技术即服务"。从国外来看，在 2022 "北美工业分类系统"中，技术服务与专业服务、科学服务被归为同一统计条目，简称 PST 服务业（professional, scientific and technical services）。欧盟的经济统计分类（NACE, nomenclature statistique des activités économiques dans la Communauté Européenne）也采取了这一归类。而在国内，根据 GB/T 4754—2017 国民经济行业分类，技术服务和科学研究自成一个门类（即 PST 行业中的"ST"），其中包括专业技术服务业、研究和试验发展、科技推广和应用服务业等。而专业技术服务业包括气象服务、地震服务、海洋服务、测绘地理信息服务、质检技术服务、环境与生态监测检测服务、地质勘察、工程技术与设计服务、工程与专业设计及其他专业技术服务共 9 个中类 31 个小类，部分带有公共服务性质，多数为生产性服务业。技术服务业是现代服务业的重要组成部分，具有人才智力密集、科技含量高、产业附加值大、辐射带动作用强等特点，对于实现产业结构转型升级和经济社会高质量发展具有重要的促进作用。下面介绍发达国家技术服务业发展特点。

2.5.1 发达国家技术研发服务业规模较大，发展速度较快

技术研发服务业作为生产性服务业的重要组成部分，近年来在发达国家得到了迅猛发展。以美国和英国为例，美国 2020 年研发服务业总产值实现 4 901.4 亿美元，2005—2020 年，年均增长率达到 9.2％；英国 2020 年研发服务业总产值为 277 亿英镑，2009—2020 年，年均增长率为 8.33％。相比之下，我国技术服务业发展速度相对较慢，发展规模也相对较小。

2.5.2 发达国家技术服务市场规模比中国大得多

从信息技术服务看，美国有世界最大的信息技术服务市场，2020 年占全球市场份额的约 35％；西欧为世界第二大信息技术服务市场，2020 年占全球市场份额的约 21％；日本为全球第三大信息技术服务市场，2020 年占全球市场份额的约 7％。2020 年，美国、西欧和日本信息技术服务市场占世界市场总规模的 63％。据英国品牌评估机

构"品牌金融"（Brand Finance）发布的 2024"全球信息技术服务品牌价值 25 强"排行榜（IT Services 25 2024），25 强品牌中，美国有 7 家上榜，印度有 6 家上榜，法国、日本各有 3 家上榜，韩国、加拿大、阿根廷、芬兰、意大利、爱尔兰各有 1 家上榜；埃森哲、塔塔咨询、印孚瑟斯蝉联前 3 位。

与美国相比，我国信息技术服务业入围企业在数量、营业收入、利润等方面均存在较大差距。在"财富中国 500 强"与"《财富》美国 500 强"榜单中，自 2015 年来，我国信息技术服务业上榜企业数量呈波动上升趋势，2020 年入围企业数量为 4 家。而美国上榜企业数量始终领先于中国。此外，2020 年，中国入围世界 500 强的信息技术服务业企业均为互联网服务和零售企业，4 家企业分别为京东集团、阿里巴巴集团、腾讯控股有限公司和小米集团。而美国在各细分领域均有入围企业，其中，互联网服务和零售企业入围数量最多，占比达到 50%。整体来看，美国信息技术服务企业发展更为全面，在各细分领域均有实力强大的企业，而我国信息技术服务业发展就集中在互联网服务和零售业。

2.5.3　发达国家科技中介服务业发展历史悠久

科技中介服务业在发达国家有着深厚的历史底蕴，其发展历程可追溯至百年前。除美国和德国外，其他经济强国的科技中介服务业的发展史都可以追溯至 19 世纪。第二次世界大战之后，随着第三次科技革命的推动，英美等国将发展科学技术作为国家核心战略，以科技中介服务机构为桥梁，强化科技与经济、政府之间的紧密联系。在 20世纪的中晚期，科技中介服务正式步入了其繁荣发展的黄金时代，这一时期不仅见证了科技中介服务国际贸易额的迅猛增长，更推动了其在全球范围内的广泛扩张和深度合作。相比之下，我国技术中介服务业发展起步较晚。

2.5.4 发达国家技术服务重心逐渐由货物贸易向技术贸易和服务贸易转移

乌拉圭回合谈判的成果之一便是将专业服务业贸易纳入《服务贸易总协定》，并赋予其重要地位，进一步彰显了科技中介服务业在国际经贸中的重要地位。同时，科技中介服务业专业化、精细化的趋势也促进了产业规模的迅速扩大。这些变化对全球经济结构产生了深远的影响，推动了产业结构的优化升级和经济全球化的进程。

发达国家基于先发技术优势，服务贸易价值链不断向信息科技、产品研发等知识技术密集型方向延伸，传统服务贸易比重持续下降，新兴服务贸易发展迅速。它们依托大型跨国公司全球布局，将技术标准、质量规范等软实力与产品性能结合，贸易融合优势明显。联合国贸发会议（UNCTAD）数据显示，新兴服务贸易在全球服务贸易出口中占比由 2013 年的 50.6% 上升至 2022 年的 58.5%，美国、日本、爱尔兰等发达国家的新兴服务贸易占比已超过 70%。

2.6　全球高水平专业服务业发展态势

专业服务业，是指某个组织或个人，应用某些方面的专业知识和专门知识，按照客户的要求，为客户在某一领域内提供特殊服务，其知识含量和科技含量都很高，是已经获得和将要继续获得巨大发展的行业。专业服务可以分为生产者专业服务和消费者专业服务。专业服务是生产者服务的重要组成部分。所谓生产者服务，即为生产者在生产者服务业市场上购买的服务，它可以作为中间投入服务，用于商品和服务的进一步产生，具体包括：法律服务；会计、审计和簿记服务；税收服务；咨询服务；管理服务；与计算机相关联的服务；生产技术服务；工程设计服务；集中工程服务；风景建筑服务；城市规划服务；旅游机构服务；公共关系服务；广告设计和媒体代理服务；人才猎头服务；市场调查服务和其他。专业服务具有以下特征：它是由组织或个人运用某些专业知识和专门知识或者大量的实践经验来为客户或消费者提供某一领域的特殊服务。它是知识和科技含量很高的服务，是少数专业人士提供的特殊服务。专业服务来自组织和组织之间、个体和个体之间的直接接触。专业服务所提供的服务是与消费同时进行的。供方和收方同时在供应和消费中得到新的利益。许多专业服务提供者与专业服务消费者需要在同时同地完成服务交易。专业服务具有技术化、知识化的特征，使高素质的人士成为国际竞争的核心。专业服务在提供服务方和接受服务方之间都会形成一种委托代理关系。这种委托代理关系以契约或签订服务协议的方式固定下来。下面总结美国、英国、日本等发达国家在法律服务业、会计服务业以及审计服务业等重要专业服务业方面的主要做法。

2.6.1 法律服务行业：行业管理及开放水平较高

法律服务业内部设有严格的律师行业自律条例。美国凭借对律师行业的精细化管理和国际开放性的显著提升，成功巩固了其全球领导者的地位。这种管理主要依赖于各州的律师协会，这些机构不仅设立了严格的律师执业准入门槛，制定了明确的职业道德标准，还规定了律师必须履行的持续教育要求。此外，美国律师界还积极融入国际法律服务市场，通过国际合作推广美国的法律标准和实践，进一步巩固其全球领导地位。与此同时，英国的法律服务业也以其高度的开放性和国际合作精神而备受瞩目。英国的律师享有国际声誉，并且英国法律市场对外国律师的接纳度也相对较高。英国的律师事务所经常与欧洲、美洲及亚洲的法律机构建立紧密的合作关系，提供跨国法律服务。此外，英国律师监管局（SRA）也在不断优化外国律师在英国的注册流程，旨在提高法律服务市场的透明度和可访问性。而在日本，律师行业的管理则相对保守，对律师的监管较为严格。日本律师联合会（JFBA）是主要的监管机构，负责监督律师的职业道德行为，确保他们遵守高标准的职业规范。尽管过去日本法律市场对外国律师设置了诸多限制，但近年来已逐步放宽，允许更多外国律师在日本提供法律咨询服务，特别是在商法和国际法领域。这一变化反映了日本在全球化背景下，不断提升法律服务业开放程度的积极努力。

2.6.2 会计服务行业：会计准则协调发展国际化

美国会计职业团体联合英国、法国、德国、墨西哥等国的会计组织，于 1973 年共同创立了国际会计准则委员会（IASC）。该委员会致力于推动国际会计准则的协调与统一。通过其努力，国际会计准则委员会为各国之间的贸易交易提供了会计准则和程序的最大程度协调与改进，促进国际经济活动的顺畅进行。美国积极推动会计服务业的国际化发展，支持本国会计服务机构参与国际竞争，拓展海外市场。同时，既注重行业自律，又强调政府监管。美国注册会计师协会（AICPA）等民间组织在会计原则制定、职业资格考试等方面发挥了重要作用，同时，证券交易委员会（SEC）等政府机构也对会计服务业进行严格的监管，确保市场的公平、公正和透明。欧盟致力于推动单一市场的形成和发展，消除会计服务业在欧盟内部的市场壁垒，促进会计服务的自由流通和竞争。日本也积极推动会计准则的国际化进程，通过与国际会计准则委员会（IASB）的合作与沟通，借鉴国际先进的会计理念和技术，不断完善本国的会计准则体系。

而对比我国，由于起步较晚，与国际惯例上的会计准则仍然有一定的差距，具体表现为注册会计师的素质仍有提升的空间，政府监管力度不够，公司运营环境不良等。由于会计服务业与国际会计协调发展仍存在差距，易造成企业的财务报告所反映企业的财务状况和经营成果与国际会计准则有所出入，导致跨国企业的虚盈实亏可能会损害投资者的合法权益，挫伤外国投资者对我国企业的投资信心。

2.6.3 审计服务行业：审计数据安全面临挑战

在审计服务业中，美国对审计数据安全的挑战采取了高度严谨的策略。随着技术日新月异的进步，审计过程中涉及的数据量日益庞大，因此，公共公司会计监管委员会（PCAOB）对审计数据的安全性制定了极高的标准。审计公司被强制要求采用高级加密技术和严密的数据访问控制手段，以保障审计信息的机密性和安全性。此外，PCAOB定期对审计公司进行严格的审查，确保它们严格遵守数据保护法规和标准。在审核过程中，PCAOB会评估审计公司的信息技术系统和控制措施，以确保数据的机密性和完整性得到全方位的保障。

英国在审计数据安全方面也展现出了前瞻性的视野。英国金融报告委员会（FRC）强制要求审计机构遵循严格的数据保护政策，并鼓励其利用最新的信息技术来增强数据安全。例如，FRC积极推广云存储和云计算服务在审计工作中的应用，因为这类服务通常具备更高级别的数据安全和灾难恢复能力。此外，FRC还定期发布审计数据安全的最佳实践指南，为审计公司提供符合国际标准的数据保护框架建设指导。

日本对审计数据的保护也极为严格，采取了内部控制与外部监管相结合的方式。日本金融厅（FSA）规定，所有审计公司必须实施全面的数据安全措施，包括物理安全、网络安全以及员工培训等方面。同时，日本审计协会（JICPA）也提供指导和资源，帮助审计公司提高其数据安全水平，例如，通过举办定期的网络安全研讨会和实操训练。

2.7 全球高水平文化服务业发展态势

文化是一座城市的独特印记，是一座城市的底蕴和灵魂，是一座城市最深沉、最持久的活力之源。从全球来看，关于何为文创产业，目前尚没有统一定义。1979 年，联合国教科文组织（UNESCO）曾发布过一个文创产业评估体系，但采用度较低。2006 年 OECD 曾试图构建组织通用的国际性文创产业衡量体系，但组织内不同国家对这一体系的理解和执行仍然不同。例如，法国将时尚行业排除在文创产业范畴之外，英国和澳大利亚则将其纳入，但英国仅包括时尚设计，而澳大利亚则将服装鞋类的制造、批发和零售也算在内。又如，法国和西班牙将图书馆/博物馆归为文创产业，但英国和德国则未纳入。由于不同国家的统计口径存在较大差异，因此，直接进行数据的国际比较会导致一定的误差甚至误导。

从国内来看，根据国家统计局最新发布的《文化及相关产业分类（2018）》，文化产业指"为社会公众提供文化产品和文化相关产品的生产活动的集合"。文化产业可进一步细分为文化制造业、文化批发和零售业及文化服务业。文化服务业涵盖了新闻服务、文化艺术服务、文化休闲娱乐服务等领域，其中，既有新闻、出版、广电等传统文化行业，也有文化软件服务、专业设计服务、现代娱乐休闲服务等新兴文化服务行业。本部分重点总结美国纽约、英国伦敦、中国香港等城市在影视创制产业、演艺产业、艺术品交易产业等重要文化产业中的主要经验。

2.7.1　美国纽约：全球闻名的"电影之城"

影视是国家文化软实力的重要标志，在塑造和传播国家形象、城市形象方面起着巨大的作用，对于文化产业的发展也有重要的促进作用。从全球来看，美国是目前全球规模最大的电影强国，经过百年的发展历史，美国电影的音像出版及影视出版已成为美国主要的出口行业。

以纽约为例，纽约媒体和娱乐市长办公室（MOME, the mayor's office of media and entertainment）2021 年的调研显示，2019 年，纽约影视行业创造了直接经济产出 641 亿美元，创造就业岗位超过 10 万个，从业人员平均年收入高达 12.1 万美元，比纽约的人均年收入（9.1 万美元）高 33 个百分点。

纽约对影视行业的发展提供了大量政策支持。为扶植和发展电影产业发展，纽约市所在的纽约州政府设立了电影制作基金，且资金支持远远超过了好莱坞所在的加利福尼亚州。此外，纽约州政府于 2004 年首次设立纽约州电影税收抵免项目，增加了纽约州的电影电视制作和后期制作行业的资金支持，极大地推动了纽约州影视行业的发展。

在电影推广环节，MOME 发起了一系列名为"纽约制作（made in NY）"的措施：一部电影如果有超过 3/4 的部分在纽约市拍摄且满足其他相关条件，便可注册和使用"纽约制作（made in NY）"的标识；设立"纽约制作奖（Made in NY Awards）"和"聚光灯奖（Spotlight Award）"，来奖励为纽约市娱乐、媒体等创意产业做出卓著贡献的优秀个人。

纽约宽松的文化氛围和发达的独立电影市场，也吸引了大量独立电影机构入驻。据 MOME 统计，纽约市大约 85％的电影制作企业都为独立电影机构，它们可通过参加电影节或进入独立电影剧场等，为大众所熟知，这又进一步吸引了行业人才的聚集。

另外，纽约市十分注重对当地电影人才的培养。美国许多综合大学都设有电影学院，教授电影制作、电影理论分析及电影教育之类的课程，如纽约大学电影学院。与此同时，纽约州和市行政当局以及从业机构等在近年来不断加强校企合作，共同推动当地电影人才队伍的建设。

2.7.2　中国香港：逐渐成为全球现当代艺术品交易中心

艺术品市场是创新创意、赋能经济和重塑产业的重要驱动力。目前，全球艺术品市场正走向多极化格局，形成了美国、中国、英国 3 个中心。根据《巴塞尔艺术展与瑞银集团环球艺术市场报告》，2022 年美国、中国、英国共占据全球艺术品市场交易价值总额 678 亿美元的 80％以上，美国以 45％的份额位居第一，英国位居第二（18％），中国则由于疫情防控等原因滑落至第三（17％）。艺术品市场的主要销售渠道包括经销商、拍卖、艺术展和网上销售等。从拍卖渠道来看，2022 年全球纯艺术拍卖国家排名中，美国以 493 亿元人民币的成交总额位列第一，中国位居第二（263 亿元人民币）。

中国香港正逐渐成为全球现当代艺术品交易中心。其浓郁的文化氛围和良好的商业氛围使得全球三大拍卖公司佳士得、苏富比和富艺斯的亚洲总部都设在香港，据统计，佳士得在香港实现了其全球艺术品业绩的 8％，而苏富比和富艺斯则分别实现了其全球艺术品拍卖业绩的 12％

和 13%。整体而言，中立的税收制度和"自由港"是香港的独特优势。香港金融行业十分发达，港币可以自由兑换，这对于艺术品买卖双方至关重要。香港中立的税收制度和"自由港"政策极大地推动了艺术品市场的交易活动。首先，香港在艺术品进口方面采取零保证金政策，并且承销税仅为内地的 1/6，是全球交易成本最低的地区之一。其次，香港完善的交通网络和国际领先的仓储运输安装服务使其成为艺术品交易的重要枢纽。最后，香港拥有约 1000 家画廊，并且每年都会举办各种国际大展，艺术氛围浓厚。这都使得香港逐渐成为全球现当代艺术品交易中心。

2.7.3　英国伦敦：世界两大演艺集聚区之一，世界公认的音乐剧最重要的原创地

一座城市的文化结构大概由四个板块组成，即演出文化、公益文化、娱乐文化和民俗文化。演艺主要指演出文化板块，包括戏剧、歌剧、音乐剧、舞蹈等，是文化产业的重要组成部分。从全球来看，许多城市都注重发展演艺产业，通过打造演艺集聚区，将城市的文化空间进行重组和整合，从而释放城市文化活力，提升城市品牌效应和综合竞争力，最具代表性的如纽约百老汇演艺集聚区（Broadway）和伦敦西区演艺集聚区（London's West End）。

伦敦西区是世界两大演艺集聚区之一，是世界公认的音乐剧最重要的原创地。伦敦西区海马克特街和沙福兹伯里街形成演艺集聚区，汇聚了近50家剧院，分属两大类型：国家级的非商业性剧院如皇家歌剧院等，它们历史悠久，受政府扶持；商业性剧院数量多，它们无政府资助，依赖商业化运作发展。伦敦西区剧院集中，外围还有实验性小剧场，这种聚集与扩散相结合的梯形结构促进了文化产业发展与日常生活的融合，既增强了自身的核心竞争力，又为周边地区形成完整的配套产业，带动了整个伦敦经济的发展。根据伦敦剧院协会发布的数据，新冠疫情前的2019年，伦敦西区的剧院共计售出了1530多万张演出票，比美国百老汇多出约100万张，创造了近8亿英镑的票房收入，带来了超过1.33亿英镑的增值税收入，创造的外汇收入相当于整个英国影视业的1/3。根据伦敦剧院协会和英国剧院组织2022年联合发布的报告《剧院减税情况简述》分析，观众每花费1英镑购买演出门票，会同时为当地经济带来额外1.40英镑的消费。

为鼓励演艺产业发展，英国政府会对其展开"天使投资"。英格兰艺术委员会负责为整个艺术生态制定相关的政策和规章，确保艺术创作的自由性和多样性。同时还负责分配经费，为艺术家和艺术机构提供必要的资金支持，

以确保他们能够持续地进行创作和运营。政府基金在文化
艺术领域也扮演着重要的角色，它致力于扶持具有潜力的
创新性项目。政府基金会根据项目的实际情况提供扶持资
金，但资金额度通常不会超过项目总投资的 30％。当这些
项目在政府的扶持下逐渐成熟，或通过戏剧展、艺术节等
方式获得关注、口碑和收入时，政府的资助就会停止。近
年来，随着政府资金的逐年减少，私募基金和投资公司等
开始关注戏剧市场，并逐步发挥更加重要的作用。

　　另外，为了鼓励演艺行业发展，刺激就业和经济增
长，英国早在 2014 年就宣布了针对戏剧、音乐剧、歌剧、
芭蕾和舞蹈等演艺项目的减税政策——在英国巡回和非巡
回演出的项目分别可获得 25％和 20％的税收减免。2021
年，为应对疫情对演艺行业带来的冲击，英国将上述税项
减免幅度分别提升至 50％和 45％。该减税水平将维持至
2025 年 4 月 1 日，并在之后的一年逐步调至疫情前水平。

　　与此同时，皇家戏剧学院、伦敦艺术大学、伦敦大学
中央演讲和戏剧学院、伦敦音乐与戏剧艺术学院等高校，
为人才的培养和输送提供了有力保障。除此之外，不少剧
院和演艺机构也推出了工作坊或公开课，让业余戏剧爱好
者也能学习戏剧和表演。

2.8　全球高水平人才服务业发展态势

随着社会的发展，人才服务行业正在变得越来越重要。它涉及吸引与保留国际高端人才、技能培养与教育、劳动力市场的灵活性与保护等方面，旨在帮助企业和个人实现最佳的绩效，并确保企业和个人能够实现其目标。下面介绍美国、新加坡、英国、德国、芬兰等国家高水平人才服务业的主要政策和做法。

2.8.1　美国

"杰出人才"绿卡：申请人需要证明其自身具有卓越的专业能力，是在其领域中少数的顶尖人物之一，满足条件和标准后可获得美国永久居住权。

H-IB签证：属于非移民签证，是为在美国短期工作的人士所发的临时工作签证，解决美国企业人才引进问题。

劳动力创新与机会法案：该法案旨在通过增强工人的技能水平，促进就业市场的有效匹配，从而推动经济持续增长与社会福祉的提升。通过创新性的财政支持机制，为州级及地方劳动力发展机构注入了关键性的联邦资金，用于实施一系列旨在提升劳动者技能、拓宽职业路径并加速其融入高质量就业市场的项目与计划。

最低工资法：政府通过调整最低工资标准，保证低技能工人的就业情况，也推动了对高技能工人需求的增加。

灵活用工政策：美国劳动力市场灵活性高，临时工和自由职业者的比重较大，政府政策相对宽松，灵活的用工政策支持了人力资源外包和临时用工市场的增长，进而推动了人才服务行业的发展。

2.8.2　新加坡

"科技准证"计划：满足申请条件即可无须受雇于任何公司，直接在新加坡创业、投资、担任公司董事。新加坡放宽了外籍人才居留和工作限制。同时，新加坡重视校企共建，例如，新加坡南洋理工学院采用"教学工厂"的校企合作模式，将学校与企业紧密结合，在原有教学系统的基础上融入企业实际工作环境，将生产、教学和研究融合。此外，新加坡优越的社会环境，包括社会秩序、基础设施、廉洁政府和透明的法律制度，有助于留住全球人才。

技能未来计划：该计划为所有新加坡公民提供学习积分，用于技能培训和职业发展的课程，旨在推动终身学习和技能提升，从而推动整个人才服务行业的发展。

2.8.3　英国

高技术移民计划：旨在吸引具备高技能和专业知识的

移民到英国发展。该计划拥有相对宽松的申请条件和程序，对申请人从年龄、学历、工作经验、工作业绩、配偶五个维度进行评分。

理工科毕业生培养计划：致力于培养具备高技能和创新能力的专业人才，以满足科学技术产业的持续需求。

学徒制改革：该计划的核心是要求大企业为学徒制支付费用，鼓励雇主投资于员工的技能提升。这不仅促进了高技能劳动力的培养，也推动了相关培训和职业发展服务的需求。

2.8.4　德国

绿卡：留学生被德国企业聘用即可申请，吸引了来自全球的高技能和专业人才，为德国的经济、科技和社会发展注入了强大动力。

双元制教育体：德国的双元制教育体系结合课堂学习与企业内的实际培训，通过政府与企业紧密合作确保劳动力具备行业所需的技能。

保护短时工计划：这一计划旨在在经济低迷时通过政府补贴，在减少员工工作时间的同时保证员工仍能获得部分工资。这不仅帮助企业保留了熟练工人，还维持了劳动市场的稳定，同时也推动了相关人力资源管理服务的发展。

2.8.5　芬兰

移民计划：鼓励更多外国技术移民赴芬兰工作。

杰出教授计划：为全球顶尖人才提供长期居留和学术发展的优厚条件，促进本国在科研、教育等领域的高质量发展。

2.9　全球高水平商业服务业发展态势

进入新的发展阶段，一个新的消费趋势正在形成。高品质消费正在适应已经变化或正在变化的环境和需求的消费形式，顺应多元化、多样化、个性化的产品或服务需求，侧重于"好不好""优不优"，是拉动消费、扩能增效、提质升级的重要力量。在消费全球化的进程中，纽约、伦敦、巴黎、东京等处于一国或全球领先地位的消费城市成为吸引全球消费资源的主要汇聚地和带动全球消费发展的龙头，是具有强大消费向心力和美誉度的国际消费中心。因此，本部分重点总结纽约、伦敦、巴黎、东京等城市商业服务业发展的主要经验。

2.9.1　纽约：基于制造中心与金融中心发展高水平商业服务业

纽约历经了从港口到国内贸易金融中心、制造业中心、再到国际金融和消费中心的转变。作为全球领先的国际消费中心，纽约的成就部分得益于持续的移民和资本流入，以及技术创新和总部中心的建立。例如，作为城市消费文化象征的纽约第五大道，不仅是购物大道，而且周边还分布着近 10 家美术馆和博物馆。

2.9.2 巴黎：城市文化与消费文化高度融合的高水平商业服务业

巴黎将城市文化与消费文化高度融合，形成了一个独特的高水平商业服务业环境。这座城市以其丰富的历史、时尚、艺术和名人文化吸引着全球游客。香榭丽舍大道是奢侈品牌集聚和时尚的象征，周围有多个著名商圈和特色商业街区，这些地区不仅是国际时尚品牌聚集地，还是主要的会展和娱乐活动场所。

2.9.3 伦敦：近代最早的世界之都，发展高水平商业服务业

作为早期的世界之都，伦敦的现代商业服务业起步于工业革命和英国全球领导地位的确立。第二次世界大战后，伦敦通过欧洲经济一体化进一步确立了其国际金融和消费中心的地位。20 世纪 90 年代欧元区的建立，使得伦敦吸引了众多现代服务业和高端零售品牌，进一步巩固了其作为国际消费中心城市的地位。伦敦的发展历程可以概

括为两个主要阶段：作为国内的经济中心，进一步成为国际贸易和金融的汇聚点，确立了其国际金融中心的地位；随着时间的推移，国际金融中心的地位虽有所滑落，但正在努力采取措施以巩固和提升其国际金融中心的地位，并实现向国际消费中心的角色转型。

2.9.4　东京：政府规划扶持下发展高水平商业服务业

从明治时代开始，尤其是在第二次世界大战后，日本政府通过《首都圈整备法》和多次制定《首都圈基本计划》，详细规划了东京的城市圈建设，城市结构和功能发生了变化。2019 年的《都市营造的宏伟设计——东京 2040》进一步展示了东京作为国际金融和消费中心的发展蓝图。东京的发展轨迹可以概括为：一开始，作为国内经济中心在战争中遭受重创；随后，通过政府的积极努力和政策扶持，经济逐渐得到恢复；紧接着，东京都市圈的建设被提出并执行；最后，东京成功成为国际金融消费中心和国际金融中心之一。

2.9.5　国际消费中心商业服务业的主要特点

总结纽约、伦敦、巴黎、东京等国际消费中心的商业服务业发展，其主要特点主要体现在以下三个方面：

第一，城市经济影响力强，带动消费供给引领世界潮流。纽约作为全球金融中心，在 2022 年《全球城市综合排名》中位列第一。纽约有 17 家世界 500 强企业总部，吸纳了全世界最优秀的金融人才，带来了高层次消费需求，从而吸引世界知名品牌进驻，形成了引领全球消费时尚的第五大道，以精品和高雅为特色的麦迪逊大街，以及以潮牌和艺术为特色的 SOHO 区，汇聚了世界顶级奢侈品店。纽约持续引入潮牌店、买手店、轻奢店，建立企业、品牌和设计师等主体间的沟通渠道，培育与时尚设计相关的全产业链，推进时尚产业商业化，使其成为城市的另一个支柱产业。

第二，以文化为支撑引领全球文化消费趋势，创新消费场景。纽约文化设施集聚，著名的百老汇剧场区集聚了 41 家剧院，年演出收入达到 150 亿美元；艺术馆和博物馆等文化设施数量超过 500 家，吸引了众多游客前来参观访问；用多种形式激发社区文化创新活力，推动"草根"文化艺术活动繁荣，为纽约成为爵士乐、抽象表现主义艺术、嘻哈文化、朋克文化等多种文化的起源地提供了土壤。伦敦拥有众多文化设施，能够提供多样化的文化活动。如伦敦西区在面积不足 1 平方公里的场地集聚了 49 家剧院，每年观影人数超过 1 000 万人，使其成为世界两大戏剧中心之一。伦敦市内有 857 家艺术展览馆，每年举办 200 多场节庆活动。街头艺术繁荣，形成商文旅融合的多元消费场景，将科文特花园打造成为伦敦最繁华的露天集市和街头艺人集聚地，通过媒体传播将摄政街点灯仪式与跨年等重大节庆活动相结合，成为城市的标志性产品。

第三，政府层面差异化定位形成多中心商圈，优化消费环境。东京自 20 世纪 80 年代成为亚洲第一的国际消费中心城市以来，已形成各具特点的商圈：一是以高端消费为特色的城市地标银座商圈，集聚高密度的国际奢侈品品牌、一线品牌；二是新宿、涩谷、池袋三大城市副中心形成区域中心商圈；三是全市形成多个特色商圈，以浅草寺为中心形成特色美食、文化展示等特色商业街，筑地海鲜市场周边发展为寿司、刺身等日本特色美食消费圈，原宿商圈的表参道被称为东京的香榭丽舍大街。为提升消费体验，东京持续优化消费环境：一是设立机场免税店、市内退税店和市内免税店三种业态，形成高度发达的免税零售业态，为国际游客提供消费便利；二是整合提升餐饮、住宿、旅游服务水平。

2.10　全球高水平邮轮服务业发展态势

2023 年以来，全球邮轮市场迅速走出新冠疫情的阴霾，复苏进程大大加快，发展态势良好。2023年邮轮产业的复苏趋势在邮轮行业协会发布的《2024年邮轮业状况报告》中也得到了体现。该报告指出，全球邮轮行业在2023年实现旅客量的显著回升，达到3 170万人次，相较于2019年的2 970万人次，这一数字增长了6.8%。这一增长态势进一步印证了邮轮行业的复苏与活力。在全球市场中，北美地区依然稳居邮轮旅游的最大市场宝座，其游客量高达约1 810百万次，继续引领全球邮轮业的发展。紧随北美之后的是欧洲市场，以约820万人次的游客量成为第二大邮轮游客来源地，显示出欧洲地区对邮轮旅游的高度兴趣与参与度。而亚洲地区则以约230万人次的游客量位列第三，作为新兴的邮轮旅游市场，其潜力与活力不容忽视。从反映邮轮运营热度的重要指标——全球邮轮港口访问艘次（7天平均值）来看，克拉克森网站的数据显示，全球邮轮港口访问艘次从2023年5月开始已经恢复至2019年同期水平以上了。2023年进入第四季度以后，虽然按惯例出现了季节性回落，但仍比2019年同期水平高出4%～5%。

从邮轮地区运营市场来看，北美和欧洲的邮轮需求尤为强劲，邮轮港口停靠量已超过疫情前水平，邮轮经营活动81%以上发生在这两个地区，邮轮停靠量占比分别为

44％和 37％。尽管由于对俄罗斯的制裁，邮轮不再停靠曾是邮轮主要目的地之一的圣彼得堡，但邮轮公司调整航线，把重心转至其他波罗的海国家，因此，波罗的海地区邮轮停靠量仍有所增长。亚洲市场方面，来自克拉克森的数据显示，疫情前 7.2％的邮轮停靠发生在亚洲区域，但过去一年，这一比例下降到了 1.9％。

截至 2023 年 11 月 17 日，全球 500 总吨及以上的在营邮轮共 467 艘，客位数 68.8 万个。其中，10 万总吨及以上的邮轮为 113 艘，41.2 万个客位；5 万至 10 万总吨的邮轮为 103 艘，19.5 万个客位；5 万总吨以下的邮轮为 251 艘，8.1 万个客位。

从船东的角度来看，嘉年华集团以 93 艘邮轮、25.9 万个客位的绝对优势牢牢占据榜首，皇家加勒比集团则以 53 艘邮轮、13.0 万个客位位居次席。而随着近 3 年来的快速发展，特别是多艘大型邮轮的入列，MSC 地中海邮轮船队达到了 23 艘邮轮、7.8 万个客位，运力一举跃升至全球第 3 位。而原先多年排在第 3 位的诺唯真集团则以 32 艘邮轮、6.8 万个客位降至第 4 位。途易邮轮和迪士尼邮轮分别以 12 艘邮轮、1.9 万个客位和 5 艘邮轮、1.1 万个客位排名第 5 位和第 6 位。总体而言，全球邮轮市场寡头垄断的态势依然明显，前四大邮轮运营商拥有市场上约

78%的运力（见图2-2）。

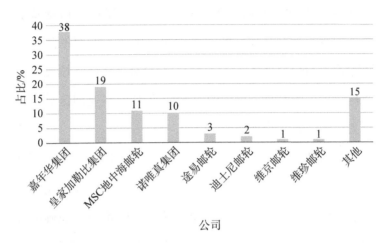

图2-2　全球邮轮运力分布（按客位数计）

数据来源：克拉克森、招商工业产研中心。

关于新船订单，2023年1—10月，全球一共新签邮轮订单6艘，合计2384个客位，大大低于上年同期水平。这些订单全部定位于高端市场，包括1艘超级游艇和4艘奢华型邮轮。2023年11月，MSC地中海邮轮与法国大西洋船厂确认其此前签署的第3艘和第4艘"世界"级液化天然气（LNG）动力邮轮的建造合同生效，并新增了第5艘的备选船订单。总体而言，邮轮新造船市场比较冷清，仍然处于历史低位。从细分市场来看，探险邮轮更新换代的高峰已过，大众型邮轮仍有大量订单等待交付，奢华型邮轮则接棒成为新的行业亮点（见图 2－3）。

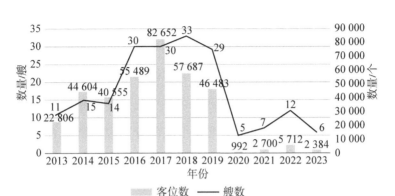

图 2－3　2013—2023 年邮轮新造船订单趋势

数据来源：克拉克森、招商工业产研中心。

在全球高水平邮轮服务业发展现状分析的基础上，本部分将聚焦迈阿密、巴塞罗那、新加坡等地的全球顶尖高水平邮轮服务业，总结其主要特点。

2.10.1　迈阿密：国际邮轮经济中心

迈阿密邮轮港位于道奇岛西侧，泊位岸线长度达到2.7 公里，主要码头设施沿连港大桥平行分布，北部有 6个泊位，南部有 1 个。20 余艘邮轮以其作为母港，邮轮年靠泊周转量位居世界第一。道奇岛邮轮港岸线位于西北侧，货运码头岸线位于东南侧，邮轮港是集客运枢纽、商业、办公和交通停车设施于一体的综合区。迈阿密邮轮港与迈阿密城市中心紧密相邻，通过连港大桥即可抵达。到市中心、观光景点和主要购物区等繁华地带的距离比较近，接驳方式主要有自驾、租车、轨道交通、大巴接驳等。迈阿密邮轮母港拥有 11 家航运公司的总部或办事机构，其中，嘉年华集团、皇家加勒比邮轮、诺唯真邮轮集团等世界著名邮轮公司的总部均位于此，邮轮总部经济是美国邮轮产业经济贡献的重要组成部分。迈阿密具有较强的邮轮母港综合配套功能，是国际邮轮公司全球物资采购分拨中心。

迈阿密邮轮经济具有以下特点：

（1）港口设施先进。迈阿密港口是美国最现代化、最大的邮轮码头之一，配备了先进的客运终端设施和安全保障措施。港口提供高效便捷的登船手续和物流支持，为游客和邮轮公司提供良好的服务。

（2）多样化的航线选择。迈阿密邮轮产业提供了多种航线选择，包括加勒比海巡航、巴哈马和墨西哥的短途航线，以及前往中美洲、南美洲和欧洲的长途航线。这为游客提供了灵活性和选择性，符合不同人群的需求。

（3）邮轮规模庞大。迈阿密是美国邮轮产业的重要枢纽，各大邮轮公司都将其列为重要的航线起点和停靠港口。迈阿密港每年承载着数百万名游客的到访，各类邮轮从迈阿密出发，为游客提供豪华、舒适的海上之旅。

（4）邮轮社区的发展。迈阿密邮轮产业的发展也带动了周边邮轮社区的繁荣。这些社区提供丰富的住宿、餐饮、购物和娱乐设施，为邮轮游客提供了更多选择和舒适体验。

（5）旅游和经济的动力。迈阿密邮轮产业成为该地区旅游和经济的重要动力之一。每年，数百万名游客从迈阿密港登船，为当地带来了可观的旅游收入。此外，邮轮产业也为当地创造了大量就业机会，并促进了相关产业的发展，如物流、酒店、零售等。

2.10.2 巴塞罗那：欧洲邮轮经济高质量发展的典范

巴塞罗那邮轮港是欧洲第一大邮轮目的地港口。邮轮港口位于城市南侧海岸的维尔（Vell）港口，是巴塞罗那地区文化活动的中心。巴塞罗那港共有 7 个邮轮专用泊位，共投资 1.2 亿欧元。周边旅游资源丰富，旅游景点众多。巴塞罗那邮轮港多母港航线发达，运作成熟，典型的是以巴塞罗那、契维塔维基亚为双母港的航线，游客可以在两个港口选择登船、离船，形成航线组合基础上的区域合作。

巴塞罗那邮轮经济具有以下特点：

（1）港口接待能力强。巴塞罗那港是地中海地区最重要的邮轮港口之一，每年接待大量的邮轮。截至 2022 年，巴塞罗那港共接待了 3 111 艘邮轮，成为全球第四繁忙的邮轮港口。

（2）多样化的航线选择。巴塞罗那邮轮产业提供了广泛的航线选择，涵盖了地中海各个地区以及跨大西洋的航线。旅客可以选择前往希腊、意大利、法国、突尼斯等地的地中海巡航，也可以选择前往加勒比海、南美洲等目的地的长途航线。

（3）邮轮公司的重要基地。巴塞罗那是多个世界知名邮轮公司的重要基地，包括皇家加勒比国际游轮、嘉年华游轮、地中海邮轮、挪威邮轮等。这些邮轮公司的邮轮经常在巴塞罗那港口停靠，为旅客提供高品质的邮轮体验。

（4）经济和旅游影响深远。巴塞罗那邮轮产业对当地经济和旅游业产生了巨大影响。按照 2022 年的数据，该产业为巴塞罗那带来了超过 20 亿欧元的旅游收入，并且创造了约 8 400 个就业机会。

（5）游客配套服务完善。作为邮轮产业中心，巴塞罗那拥有出色的邮轮终端设施和现代化的港口设施。游客可以享受到高质量的登船和下船服务，以及周边地区丰富多样的住宿、餐饮和旅游配套服务。

综上所述，巴塞罗那邮轮产业以其出色的港口接待能力、多样化的航线选择和对当地经济的重要影响而著名。这一产业的发展为游客提供了全方位的邮轮体验，同时也为巴塞罗那带来了经济和旅游业的增长。

2.10.3　新加坡：东南亚国际邮轮经济中心

新加坡的两个主要邮轮码头都位于城市中心，完美地融入了城市交通网络，为整个岛屿提供了便捷的交通连接。例如：邮轮中心配备了完备的交通系统，出行方式包括大巴、出租车和火车。坐落在南滨海湾的邮轮中心拥有两条轨道交通线和新加坡第一条海底隧道——滨海湾快速公路，确保轨道站点与公交接驳的便捷。在邮轮港的建设方面，新加坡注重邮轮停靠功能与商业设施的结合，强调便捷性和舒适性以提升游客体验。特别是在新加坡邮轮中心，尽管该中心建筑较旧且面积有限，但通过持续改进，采取优化缩短通关流程、减少通关区域、扩大游客服务休息区等举措提高游客满意度。此外，新加坡邮轮中心与滨海湾邮轮中心之间的合作避免了市场的恶性竞争，各自依据市场需求进行错位发展。两个中心由不同公司独立运营且无资本合作，滨海湾邮轮中心主要针对高端邮轮服务，新加坡邮轮中心则同时发展国际邮轮航线和轮渡航线。

新加坡邮轮经济具有以下特点：

（1）港口接待能力强。新加坡是亚洲最重要的邮轮港口之一，拥有先进的港口设施和高效的客运终端。2019年，新加坡港共接待了 421 艘邮轮，旅客数量达到了 123万人次。

（2）多样化的航线选择。新加坡邮轮产业提供了丰富多样的航线选择，包括东南亚、日本、韩国、中国、印度尼西亚等地区。游客可以选择短途航线，如马来西亚、泰国等邻近国家的巡航，也可以选择长途航线，如跨洲的航线。

（3）国际邮轮公司的重要基地。新加坡是多个国际知名邮轮公司的重要基地，包括皇家加勒比国际游轮、嘉年华游轮、公主邮轮等。这些邮轮公司常常将新加坡作为其亚洲航线的起点或停靠港口。

（4）旅游和经济影响大。新加坡邮轮产业对当地经济和旅游业具有重要影响。根据 2019 年的数据，新加坡邮轮产业为国家带来了超过 20 亿新加坡元的旅游收入，并创造了约 1.5 万个就业机会。

（5）高品质的邮轮体验。新加坡港口提供先进的客运终端设施和服务，为游客提供舒适、便捷的登船和下船体验。此外，新加坡作为一个国际化大都市，周边配套设施齐全，包括高品质的酒店、餐饮和购物等，为游客提供了丰富的选择。

综上所述，新加坡邮轮产业以其港口接待能力、多样化的航线选择和对经济和旅游的重要影响而闻名。这一产业的发展为游客提供了精彩纷呈的邮轮体验，同时也为新加坡带来了经济和旅游业的增长。

第 3 章

中国高水平服务业迈向全球顶尖仍需突破

当前，服务业的崛起与繁荣已成为衡量一个国家经济实力和国际竞争力的重要标志。中国作为世界第二大经济体，其服务业的快速发展不仅促进了经济结构的优化升级，也为全球经济增长贡献了中国力量。然而，当站在国际视角审视中国服务业的发展现状时，不难发现，尽管已经取得了长足进步，但要在全球顶尖服务业中占据一席之地，仍需跨越多重障碍，实现质的飞跃。

3.1　制度开放和全球资源配置功能还不够充分

第一，资源要素配置功能仍不充分。资本市场中，资源配置的焦点主要聚焦于国内。放眼全球证券交易所市值构成，其版图中纽交所和纳斯达克占比近半数，上交所占比显得较为逊色。全球货币交易市场活力不均，各地呈现出显著差异，以中国的经济中心上海为例，上海日均交易额为730亿美元，仅为伦敦的1/33、纽约的1/16、新加坡的1/7。"上海价格"在铜、天然橡胶等少数期货交易品种上具有影响力，但"上海油"基准报价的国际占比偏低，"上海价格"的国际定价能力亟待加强。

第二，服务业开放发展程度还需加强。我国服务业开放度不够，导致服务贸易发展动力不足。一是准入之后的边境后限制措施较多。根据 OECD 公布的服务贸易限制指数（STRI），2021 年我国 STRI 为 0.36，远超 OECD 国家的均值（0.23），与美国（0.23）、英国（0.16）、日本（0.17）等存在较大差距，且高于巴西（0.33）、马来西亚（0.31）等发展中国家。二是服务业国际化程度较低。世界银行数据显示，作为衡量实际开放度的重要指标，我国服务业国际化程度即服务贸易占服务业增加值的比重不足10%，与近几年世界平均水平（21%）存在较大差距，且金融、医疗、教育等行业在最新版负面清单中依然未能实现实质开放。如进口药品和医疗器械准入要求非常严格，从国外购买进口药品到港后，清关手续复杂，并且没有针对医疗器械和进口药品设置"绿色通道"，使得审批时间过长，最后可能导致患者与外资企业的流失。

外资准入限制是高水平服务业发展面临的主要制度壁垒。在重点服务行业及服务贸易领域，外资准入的开放度与标杆经济体差距显著，是限制行业开放的最重要因素。具体来看，我国重点服务行业及服务贸易领域在外资股权比例、跨境资本活动、跨境数据流动等方面限制较为严格。对于金融、航运、文化、专业服务行业，中国政府设定了外资股权比例的限制。另外，金融服务领域存在债券市场准入限制，外资债券承销商在中国市场面临较高的准入门槛和限制，相比于本土金融机构，外资企业的市场份额较小。航运服务存在国内配船市场限制，外资航运企业在国内海岸线航运和内河航运等领域受到限制，无法自由进入市场。文化服务领域存在片配额和上映限制和内容审查限制，外资影视公司在中国市场面临片配额和上映限制，不能自由选择上映时间和数量，外资娱乐机构则需要经历严格的内容审查。专业服务领域市场准入门槛较高，外资律师事务所和会计师事务所在中国市场面临较高的准入门槛和审批程序，相比本地公司更具挑战性。对于科技、软件和信息服务行业，外资企业在云计算和数据服务领域需满足中国规定的数据存储和跨境数据传输的要求，增加了外资企业的运营成本和限制。

对上海调研后发现，当前上海临港新片区通过制度创新促进航运高水平开放。临港新片区总体方案明确提出要"逐步放开船舶法定检验。在确保有效监管、风险可控的前提下，对境内制造船舶在'中国洋山港'登记从事国际运输的，视同出口，给予出口退税。进一步完善启运港退税相关政策，优化监管流程，扩大中资方便旗船沿海捎带政策实施效果，研究在对等原则下允许外籍国际航行船舶开展以上海洋山港为国际中转港的外贸集装箱沿海捎带业务"[①]。目前，临港新片区完成了 30 艘"中国洋山港籍"国际船舶登记工作。2022 年 5 月 13 日，上海洋山港迎来国内首单外资班轮"沿海捎带"业务正式落地，马士基首批加拿大集装箱在此中转至天津港。但临港还存在部分航运支持政策无法落地的问题。2020 年 6 月，由临港新片区管委会与中国人民银行上海总部、上海海事局、上海出入境边防检查总站联合发布的《关于促进洋山特殊综合保税区对外开放与创新发展若干意见》提出了 88 条综合支持措施，其中，对从事国际中转集拼业务的企业、开展以洋山港为国际中转港的外贸集装箱沿海捎带业务的企业、从事集装箱和航空货物等国际中转业务的企业等，根据其业务规模提供资金奖励。由于奖励实施细则没有出台，政策无法落地。

第三，要素跨境流动和全球资源配置需突破制度瓶颈。要进一步推动资金、信息和货物等关键经济要素在全球范围内的自由流通，需在制度安排和操作路径上加强改革创新力度，突破现有壁垒。资金流方面，现有的金融服务体系在跨境资金流动便利性上还需大幅增强，同时，应解决境内管理离岸资产所面临的跨境收支及双重税收的制

---

① 汪传旭. 上海国际航运中心与特殊经济功能区联动发展研究［J］. 科学发展，2021（09）：48－57.

约，比如借鉴新加坡、日本等国的经验，优化税收征管方式。境外基金在跨境投资境内创新资源上的政策堵点也需消除，深化货物转手买卖白名单制度等外汇管理创新试点。数据流方面，当前的规则体系在对跨境数据流动、数据存储的监管机制、源代码的透明度要求以及知识产权的严格保护等方面尚显不足。在货物流通方面，以上海为例，其国际船舶登记数量仅为新加坡的 1/10，在相关政策上需寻求创新与突破。

第四，投资监管公平性方面需要进一步提升。与英国伦敦、中国香港、新加坡等城市相比，中国内地城市外商投资的市场准入、对外资企业的经营干预等监管措施，有待进一步提升。金融服务行业的监管执行力不均衡，监管机构在执行金融服务行业的规定时可能存在不同的标准和偏向，导致某些企业受到不公平待遇，如存在处罚力度不一致或对某些企业过度监管的情况。航运服务业中存在航权分配不公平的问题，航空公司在获得航线和飞行权方面可能面临不公平的分配，一些国内航空公司可能获得更多的支持和优先权，使竞争格局不够公平。在文化服务行业，针对外资文化公司的审查标准可能不够透明，审查过程可能缺乏透明性和一致性，导致不同企业面临不同的审查结果。专业服务领域中，法律和会计规定不平等，外资律师事务所和会计师事务所可能面临与本地公司不同的法律和会计规定，这可能对其业务活动和市场准入造成不公平的影响。科技、软件和信息服务行业对数据隐私保护不平衡，在互联网和科技行业，数据隐私保护的监管存在不平衡，对国内和外国企业的执行可能存在差异，导致不公平的竞争环境。在服务消费领域，健康医疗、教育文化、休闲娱乐等消费服务行业的国际开放进程相对滞后，当前仍面临市场准入和投资审批的严格限制。在吸引国际消费方面，旅游签证申请流程的便捷性不足、免税退税政策试点区域有限等问题削弱了更多国际游客的入境消费意愿。

3.2　高水平服务能级的国际化和引领性还不够

第一，高端服务国际化程度不够高，能级有所欠缺，尚未充分集聚科技创新中心所需的高端要素。具体而言，无论在国际网络构建还是在平台建设上，相较于全球顶尖国家，我国的高端服务能级仍有一定差距。国际经济中心的综合实力尚待提升，经济主体的活跃度未能达到理想水平。在新经济领域，与美国等国家相比，在服务能级上存在差距，缺乏具有国际竞争力的新兴服务业态和领军企业；在高新技术领域，缺乏具有领导地位的龙头企业和成长潜力强大的中小企业。国际金融中心在资源配置方面的功能尚显不足，缺乏足够的"底气"，金融产品的国际化程度较低，在国际市场缺乏足够的定价权和话语权，如外资在股票市场的持有比例不足5%，在债券市场的持有比例更是低于2%。国际贸易中心的核心枢纽功能未达到应有强度，国际市场出口份额易受外部环境波动的影响，贸易便利化程度的提升亦面临诸多制约。国际航运中心在高端服务领域的能力尚显薄弱，在高端服务领域（如航运金融、航运保险等领域），高附加值服务企业规模较小，话语权和影响力有限。以具体数据为例，国际航运中心的海上保险市场份额在全球市场中占比不足1%，而船舶贷款份额亦仅占全球市场的不到1%。国际科创中心在创新策源和成果转化方面仍有较大提升空间，当前对于国际高端人才的吸引力尚显不足，同时，科技研发的投入与产出的效率仍需增强。

第二，"五个中心"建设形已具但神不足。对标发达国家，在全球资源配置、高端产业引领、开放门户枢纽、科技创新策源等功能塑造上仍缺乏竞争力。虽然我国上海拥有全球最大的集装箱港口，并保持着全球最高的进出口总额，但是其国际影响力还有待进一步提升。据英国《银

行家》杂志发布的《2022 全球银行排名》显示，全球银行
50 强中纽约有 4 家，伦敦有 5 家，东京有 4 家，而上海只
有 1 家。另据普华永道国际会计师事务所旗下管理咨询机
构思略特发布的《2023 年全球创新 1000 强》报告，全球
创新 1000 强企业中东京有 15 家，伦敦有 10 家。以上海
为例，作为国际金融中心，目前仅有交通银行、中国太平
洋保险、上海浦东发展银行这 3 家全球总部型金融机构，
且能级与工、农、中、建四大国有银行以及花旗集团、汇
丰集团等国际知名金融机构相比，尚存一定差距。相比之
下，纽约、北京、东京、伦敦等先进城市在生产服务业方
面更为发达，金融业跨国公司总部数量分别高达 16 家、
13 家、9 家和 7 家。在资产管理领域，我国金融机构的国
际竞争力亦有待提高。根据《2021 全球资管机构 500 强》
榜单，仅有 30 家中国金融机构入围，其中，基金公司 14
家、保险资管公司 9 家、银行理财子公司 6 家、证券公司
1 家，我国尚需加强与国际先进水平的接轨，提升本土金
融机构的全球竞争力。

　　服务业机构方面，以国际知名律所为例，在 2023 年
国际法律媒体 Law. com International 发布的全球前 200 位
大律所排名中，前 10 位美国律所占 9 席，中国占 1 席。国
际知名律所如贝克·麦坚时（Baker McKenzie）、高伟绅

（Clifford Chance）等，在全球范围内拥有广泛的分支机构，能够为客户提供跨地域、跨法域的法律服务。相比之下，我国律所在全球化布局上相对滞后，国际影响力有限，服务范围和便利度均需提升。

3.3　具有国际竞争力的高水平服务业企业能级不够强

第一，吸引的海外跨国公司层级和数量有待提升。表3-1展示了2023年全球信息技术服务品牌25强以及总部位置，总部数量最多的为美国（7家），其次是印度（6家）。一方面，受准入限制和离岸税率影响，我国在吸引跨国公司高能级总部（如亚太区总部）时缺乏明显优势，导致目前仍以中国区总部为主，缺乏全球总部和洲际总部。与全球最高标准相比，我国缺乏高增长性、高附加值和全球影响力的产业，以及价值链高端环节的头部企业和全球性本土品牌。另一方面，我国缺乏在全球舞台具有显著影响力的头部企业和本土品牌。目前，总部机构在全球分工布局中的参与度不高，对全球产业发展的推动力量有限，与日本、新加坡、美国等国家相比，产业连通度仍有待提升。高能级主体的发展水平存在明显不足，尤其是在法律、会计审计、咨询、广告等高端服务业领域，其发展能级相对薄弱。这些专业服务行业的全球领先企业，其总部多数集聚在美国、英国等国家，在我国集聚度还不够。

表 3 - 1　2023 年全球信息技术服务品牌 25 强排行榜

排名	品牌	总部
1	埃森哲（Accenture）	爱尔兰
2	塔塔咨询服务（TCS）	印度
3	印孚瑟斯（Infosys）	印度
4	IBM 咨询（IBM Consulting）	美国
5	凯捷（Capgemini）	法国
6	Ntt Data	日本
7	高知特（Cognizant）	美国
8	HCLTech	印度
9	维布络（Wipro）	印度
10	富士通（Fujitsu, IT Services）	日本
11	马恒达科技（Tech Mahindra）	印度
12	三星数据系统（Samsung SDS）	韩国
13	EPAM	美国
14	CGI	加拿大
15	DXC Technology	美国
16	源讯（Atos）	法国

续　表

排名	品牌	总部
17	施乐（Xerox）	美国
18	慧与（HPE, IT Services）	美国
19	LTIMindtree	印度
20	日电（NEC, IT Services）	日本
21	Globant	阿根廷
22	Thoughtworks	美国
23	Sopra Steria	法国
24	TietoEvry	芬兰
25	Reply	意大利

数据来源：英国品牌评估机构"品牌金融"（Brand Finance）发布的 2023"全球信息技术服务品牌价值 25 强"排行榜（IT Services 25 2023）。

另外，从满足人民高品质生活的专业剧场来看，以上海为例，对比上海与其他发达城市，上海核心承载区演艺大世界的专业剧场规模不足。2019 年，百老汇的演出票房收入达到了上海的 32 倍之多，伦敦西区的演出票房收入更是达到了上海的 44.5 倍。上海目前拥有 47 家专业剧场，遍布各市区，然而演艺大世界仅 25 家，这一数量与全球知名的演艺中心如百老汇（拥有 41 家）和伦敦西区（拥有 40 家）相比，存在显著差距。大中型剧场数量尤为不足，25 家专业剧场中，特大型剧场有 3 家，大型剧场仅 1

家，中型剧场5家，这一分布与百老汇和伦敦西区相比显得尤为不足，这样的剧场规模不仅难以满足本地院团的演出需求，更难以支撑上海演艺产业走向国际化的宏伟目标。我国的艺术团体在艺术生产力、品牌国际知名度以及国际运营能力等方面有待提升，缺少像德国柏林爱乐乐团、日本四季剧团这样的国际知名艺术团体。

第二，我国在全球服务领域的能力受限，主要源于缺乏一批能级高、附加值高的高水平服务业龙头企业。先进生产性服务业包括银行、证券、保险、律师事务所、会计师事务所、广告、管理咨询、信息服务、物流、电子商务服务等行业。例如，与成熟的国际金融中心相比，与服务经济社会高质量发展要求相比，与国际最高标准、最佳水平相比，金融市场还有较大差距。比如，至今还没有一家境外公司在A股市场上市，金融市场国际投资者占比较低，银行间和交易所债券市场的基础设施和业务尚未实现互联互通和规则统一，交易所债券对外开放水平较低。与风险管理中心相匹配的金融期货期权产品创新能力较弱，有重大影响力的境内外长期投资者较少，等等。本土龙头服务企业品牌影响力偏弱。美国、英国、法国、日本等国家，拥有国际消费标杆的城市（如美国纽约、英国伦敦、法国巴黎和日本东京），不仅吸引了众多国际知名品牌，更是全球范围内新产品、新服务、新技术、新业态以及新模式的首发地，引领国际消费理念和潮流，掌握时尚消费领域的定价权和话语权。相比之下，我国在品牌丰富度、新品首发地以及品牌价格优势等方面仍存在一定的差距。根据德勤公司发布的全球奢侈品报告调查显示，中国高端消费品牌的平均价格在全球处于最高水平，超出了全球平均售价20%以上。

第三，本土引擎企业和产业价值链"链主"的缺失，成为阻碍服务业向高水平能级跃升的瓶颈。跨国公司在本土市场的能级表现不够显著，其辐射和外溢效应有限，未能充分发挥出作为行业龙头的引领作用。以上海为例，上海吸引了257家跨国公司设立中国总部及以上级别的机构，其中，108家为制造企业，制造业发展尤为突出，吸引了如3M、佳能、埃克森美孚、福特汽车等知名品牌设立分支机构。然而，虽然跨国公司数量众多，但高能级的服务业龙头企业和占据行业制高点的领军企业却较为稀缺。特别是在"卡脖子"关键核心技术领域，本土缺乏能够担当产业链主导角色的跨国公司。目前，本土的高新技术企业如中芯国际、携程、拼多多等虽然有所建树，但在全球能级上与苹果、亚马逊、谷歌等领军企业相比，仍有较大差距。在邮轮制造领域，欧洲邮轮建造供应商超过

3 000 家，核心供应商超过 300 家。欧洲邮轮船厂的配套本地化率较高，芬坎蒂尼船厂本国配套本地化率达到 84％，德国迈尔船厂本国配套本地化率达到 80％，法国大西洋船厂在法国、芬兰本国本地化率达到 81％。尽管我国已经成功建造出了首艘国产大型邮轮"爱达魔都号"邮轮，第二艘国产大型邮轮建设也在快速推进中，但目前仍面临诸多挑战，例如，尚未完全掌握邮轮修造的自主知识产权，缺乏本土化的邮轮建造功能性平台，在邮轮核心部件的自主研发和供应链管理方面亦较为欠缺。在船厂供应链建设管理上，邮轮设备和材料要求较高，目前国产化率为 20％，船厂需要高价进口大量的关键设备。

第四，缺少成长为龙头企业的生力军、潜力股，制约了本土跨国公司总部发展。根据胡润发布的《2023 全球独角兽榜》，我国共有 316 家独角兽企业，分布于 33 个不同的行业赛道中。集成电路、新零售、数字医疗、数字文娱、智慧物流、新能源与智能汽车、人工智能以及企业数字运营等赛道的独角兽企业数量均超过 15 家，独角兽企业数量合计占据总数的 47.2％；数字文娱、新零售、金融科技、智慧物流以及新能源与智能汽车领域的独角兽企业在估值方面表现尤为突出，估值总额分列前 5 位，合计估值占据整体估值的 58.3％。从全球来看，排名前三的行业是人工智能、半导体和电子商务。但是对比来看，美国独角兽企业的主要领域是软件服务、金融科技和健康科技，欧洲等其他国家是金融科技和电子商务。可以看出，美国独角兽企业呈现出全面发展态势，各行业领域独角兽企业的数量和估值均处于全球前三的位置，以 B2B、高科技企业为主。而我国大量独角兽企业集中分布在电子商务、互联网金融等非依赖于高科技的领域。进入全球排名前十的字节跳动、蚂蚁集团、shein、微众银行、菜鸟网络等都集中在社交媒体、电子商务、金融科技、物流等领域。这些企业多基于互联网搭建平台，借助"互联网＋"热潮开展商业模式创新。与之相对，半导体加工、精密机床、生物医药、高端制造等领域的"硬独角兽"企业比例相对较低。

3.4　以数字技术为核心的新兴服务业仍受技术制约

第一，原始创新动力还不强，基础研究尚未达到国际顶尖水平。产业创新能力提升主要建立在外部技术的引进、消化与再创新之上。虽然部分领域已取得了国际性突破，但整体上，其创新模式仍偏向于渐进式和改良式，缺乏具有引领性和颠覆性的原始创新。特别是在一些重点产业的关键技术环节，依然面临着"卡脖子"的挑战，需要着力突破。相较于世界科技强国，我国在研发强度、创新品质以及成果转化的能力方面还有较大的提升空间，科技应用的实际效能也逊色于国际前沿地区。目前，我国基础研究的投入总量尚显不足，且投入的结构不合理，多元化投入格局尚未形成，竞争性支持比例偏高，而企业的基础研究投入普遍偏低。发达国家在基础研究经费方面的投入通常占研发经费的 15％～20％甚至更高。然而，我国基础研究经费在研发经费中的占比长期稳定在 5％左右，基础研究投入强度远低于创新型国家。

科技型企业直接融资占比较低，"高频、快速、少量"的融资需求难以满足。根据国际清算银行（BIS）和世界银行数据计算，我国非金融企业直接融资比重为 42.3％，同期美国、英国、日本、德国占比分别为 70.5％、66.7％、64.2％、44.5％。从美国、欧元区、日本和中国这几个全球主要经济体横向比较看，无论从金融市场深度角度，还是从直接融资占整体融资的比例看，美国均领先于其他 3 个主要经济体。2022 年末，美国股票市场市值相当于同期美国 GDP 的 138％。在美国，资本市场给经济活动提供了 67％的资金来源。资本市场使得企业的债务发行相对于从银行借贷更有效率和更稳定。由于股票市场发展成熟并具深度，美国、欧元区和日本的非金融企业通过股票资本市场进行直接融资占整体融资的比例均远高于以银行贷款和债务工具发行而举债的间接融资比例。与上述西方三大发达经济体比，我国非金融企业目前的融资渠道仍高度依赖于银行贷款和发债渠道的间接融资，直接融资占比远低于发达经济体。

第二，重点产业关键核心技术供给还不足，关键领域仍面临"卡脖子"难题。近年来，我国在航空航天、电子信息、先进医疗设备、生物医药、新能源等领域的关键性技术上取得了一定突破，但在某些领域依然存在着关键核心技术供给不足的问题。例如，在芯片制造领域，中芯国际集成电路制造（上海）有限公司是国内领先的集成电路制造企业，但目前中芯国际也只能提供 0.35 微米到 14 纳米的晶圆代工与技术服务，与台积电等企业相比还有相当大的差距。当前全球最先进的芯片制程是 5 纳米，台积电和三星都掌握了这项量产工艺，并且在更先进的 4 纳米、3 纳米领域展开布局。我国与全球顶尖水平还有一定的差距。

以制造服务业中至关重要的数控机床领域为例，目前核心技术主要被少数特定国家和企业所掌握，尤其是关键零部件,大多依赖于德国、日本等国的企业供应。技术差距在此领域不仅体现在产品的稳定性、可靠性上,还在效率、精度等多个维度均有明显体现。德国在数控机床及其配套件的研发和生产上,特别强调高、精、尖和实用性,各种功能部件的研发生产均达到了高度专业化的水平,在质量和性能上处于世界领先地位。日本重点发展数控系统,机床企业注重向上游材料、部件布局,一体化开发核心产品。美国在数控机床设计、制造和基础科研等方面具有较强的竞争力。而中国企业在行业竞争中主要是靠"量"来取胜,产品附加值较低,企业研发、设计和生产的数字化水平有待提高,制造工艺等行业知识模块化、软件化和平台化能力有待加强。数据显示,我国机床出口均价仅 1.57 万美元/台,而进口均价为 26.75 万美元/台,相差了 17 倍之多。虽然技术创新的数量增长很快,但是与发达国家相比,质量仍有差距。数据显示,2011—2022年,中国数控机床专利申请数量处于领先地位。2022 年,中国数控机床专利申请量为 18 934 项,保持全球首位。但在核心技术方面与西方制造强国之间还存在着较大的差距,数控、伺服、主轴、导轨、传动机构等机床关键零部件基本上被欧洲、日本等地区控制,我国在产品精度、可靠性和生产效率上,与世界先进水平相比差距比较大。例如，在机床精度方面，我国车床、铣床和磨床的单向重复定位精度普遍维持在 $2.5\,\mu m$ 的水平，而国际高端市场中的产品已达到 $1.6\,\mu m$ 甚至将实现 $1.0\,\mu m$ 的精度；从质量角度看，国产数控系统的平均无故障运行时间约为 1 万小时，相比之下，国际先进水平的数控系统已经能够实现 7 万至 10 万小时的无故障运行时间，性能相差近 10 倍。

关键核心技术供给不足会卡住高新产业发展的脖子，企业会长期处于价值链的低端，从而束缚企业自主创新能力的提升。由于对很多关键核心技术的需求并不十分迫切，且其中部分技术也可以通过购买的方式得到，因此，自主研发相对缓慢。另外，这还与关键核心技术本身的特征有关。相关调查显示，"研发费用投入太高"（58.6%）和"缺乏高层次创新人才"（52.9%）是目前企业自主创新遇到的主要困难，企业担心研发费用投入太高会影响短期利润和持续发展，进而导致自主创新能力停滞不前。

第三，企业整体创新实力分布不均衡，全球领先的创新型企业还不够，创新能级还不够高。一是企业整体创新实力梯级差异较大，较低水平创新占主体，高水平创新相对较少。一方面，缺少世界级的创新型领军企业，创新能级还不够高，以上海为例，大中型工业企业基础研究投入占全部 R&D（研究与开发）投入的比重仅为 0.06%。另一方面，在价值链高端环节和部分关键环节实力还不够。全球最强的 15 家芯片企业中，美国企业占了 10 家，中国台湾 1 家，荷兰 1 家，日本 1 家，韩国 1 家，德国 1 家。二是创新资源配置效率需要提高。与国外某些发达地区相比，创新资源（包括人才、资本、技术等）总体上还存在一定差距，大部分企业处于相对较低梯级的创新水平，部分创新资源过度集中流入少数企业，导致创新资源配置的进一步失衡。三是企业家创新和冒险精神需要进一步激发。尽管我国不乏一定数量的准一流企业，但在迈向创新型领军企业的道路上，仍面临一定的差距和挑战。与发达国家相比，我国中小企业稳健有余，但创新活力相对较差，缺乏冒险精神，创新文化开放性和包容性也相对不足。

第四，创新生态环境有待进一步优化，企业自主创新仍面临高成本和融资难的问题。一是高成本问题阻碍了企业自主创新能力的提升。高新技术企业的生产成本、人力成本都相对较高，同时还面临着社保缴费基数高及个税税负高等其他方面的成本问题。成本居高不下，会侵蚀企业的利润，对企业持续发展不利。二是融资难、融资贵是企业创新发展面临的另一个主要问题。自主创新需要持续不断的投入，金融支持对企业创新发展来说极其重要。高新技术企业尤其是中小企业仍然面临着较大的融资压力。"融资难"主要体现在民企债找担保机构存在困难，监管机构的审批存在困难，投资者对民企债缺乏信心。在贷款和融资考量中，应当摒弃对企业标签的过度依赖，转而专注于企业本身的成长潜力和财务指标。"融资贵"主要体现在近两年民企债的融资期限持续缩短，融资成本却居高不下，较高的中介机构费用也导致民企债的综合融资成本进一步增加。三是民营企业创新发展压力较大。目前民营高新技术企业面临较多的困难，面临"市场的冰山、融资的高山、转型的火山"。民营企业更需要一个公平、友好、稳定的创新生态环境来不断发展，提升自主创新能力。

第五，知识产权保护与促进的制度支撑体系尚待完善。一是在提供高附加值服务方面，当前中介机构相对匮乏。我国知识产权服务平台众多，在知识产权保护与促进中扮演了核心角色。但从功能定位来看，这些平台，无论是由政府主导还是企业自主设立的，大多呈现出综合性特点，其服务内容主要聚焦于知识产权的申请、注册、登记以及维权诉讼等常规性事务，尚未能覆盖更多高附加值的服务领域。从发展态势来看，众多政府主导的服务平台遭遇发展瓶颈，具体表现为信息发布量受限、内容更新迟缓、产品交易量不足以及信息透明度不高等显著问题。而由企业自发设立的服务平台，虽然操作灵活，部分甚至已建立知识产权管理系统，但由于政府监管力度不足，发展规范性有待提高，导致它们在业务规模和运作效果上展现出较大的差异。在高端项目服务领域，如在知识产权流转前的供需精准匹配、企业成长培育、知识产权价值的深度评估与定价、交易流程的高效执行、专业的托管管理、精细的经营策划、复杂的证券化服务以及全面的风险评估等环节，具备足够能力的服务机构寥寥无几，即便有机构涉足这些领域，其在服务质量和技术能力上的表现也明显有所欠缺。

二是评估方式和交易体制存在缺陷。一方面，评估方式过于单一，缺乏多样性。当前，我国尚未构建全面且统一的知识产权价值评估规范和方法体系，现有的评估方法大多沿用了有形资产评估的模式，这种方法往往难以准确捕捉和体现知识产权的独特性和其真正的价值。同时，知识产权交易市场尚未形成规模，交易量相对较小，使得市场难以充分发挥其应有的价格发现机制，导致一些知识产权评估认证中心的认证结果，在不同市场主体间难以形成共识，金融机构对此类评估结果的采纳率也相对较低。另一方面，交易机制尚待完善。当前，在构建专利池和打造专利联盟方面所付出的努力还远远不够，在一定程度上限制了专利潜力的发挥。同时，知识产权交易过程面临诸多挑战和困难，这主要归因于缺乏完善的知识产权交易配套保障制度。

三是我国知识产权的产业化程度尚未达到预期水平。尽管近年来我国在知识产权的创造与运用方面取得了显著进步，但在产业化的道路上仍显迟缓。问题主要体现为研发需求过于依赖内部资源，研发经费大多依赖自筹，以及由此带来的成果质量参差不齐、转化率较低等方面。据统计，2021年，我国专利密集型产业增加值在GDP中的占比仅为12.44%，这一比例明显低于美国的24%和欧盟的17.4%。在研发与转化模式上，我国显示出强烈的内部化倾向，高达88.1%的企业专利权人更偏好于独立完成从创新构思、产品研发到市场推广的整个流程。在研发资金筹措层面，高达96.4%的企业主体主要依赖自我筹措资金，而81.3%的个人则依赖于个人积蓄。在专利成果的转让环节，根据《2022中国专利调查报告》，我国国内有效专利的许可率仅为9.5%，有效专利的转让率仅为5.1%。

四是当前相关制度体系尚不完善。我国在知识产权运营管理的理论研究与实际运作中，尚处于起步阶段，亟须加强其发展的规范性和系统性；知识产权的保护力度与覆盖广度仍有待加强，现有的惩罚性赔偿制度亦有待完善，以增强其威慑力；尚未建立起全面涵盖地方性知识产权的综合立法，影响了其有效性和整体协调性。同时，复合型高层次知识产权人才短缺已成为不容忽视的问题。知识产权保护与促进的领域宽泛，专业人才不仅要在知识产权领域有深厚的专业知识，还需融合经济、管理和法律等多方面的素养。然而，当前我国知识产权专业人员队伍中，人才水平差异较大，且具备跨领域、多学科背景的复合型人才尤为稀缺。调研显示，与国外发达国家相比，认为我国在知识产权相关立法方面做得"比较好"和"非常好"的平均比例只有 34.2%，尤其与新加坡相比，认为我国更好的仅有 16.1%。我国在立法方面对于知识产权的保护不够，立法监督、司法监督不到位，相关法规章程未能达到统一标准，并且立法的制定过程较为缓慢，大大滞后于相关行业的发展。例如，对知识产权转移的问题，目前还没有制度性解决方案。实际上，近年来流入中国的国外研发资金急剧减少，究其原因，外资研发机构将研发成果向境外转移时是否受到《出口管制法》的监管尚待明确，尤其当研发过程涉及与本土机构的合作，或得到财政科技资金资助时，问题将变得更为棘手。

3.5　高水平服务业对我国打造现代产业体系的赋能还不够

第一，服务业产业新旧动能转换不畅，爆发式成长的新兴产业培育不足。我国服务业产业新动能的培育面临着一系列问题，如"脆弱性"明显，发展呈现"碎片化"现象，以及新旧动能"换挡"过程中存在梗阻。首先，我国存在服务业结构不合理问题。金融业和房地产业在服务业中的占比接近30%，而批发零售和交通运输业也占据近30%的份额。与发达国家产业结构相比，我国知识密集型新兴服务业的占比偏低，在价值链高端环节的增值服务能力仍有较大的提升空间。其次，我国生产性服务业与消费性服务业发展存在失衡现象。长期以来，我国对于生产性服务业的发展给予高度的重视和关注，而对于消费性服务业，特别是具备广阔服务范围及强大辐射能力的中高端消费性服务业，重视程度和支持力度则显得相对不足。最后，公共服务能级偏低。当前，教育、养老、文化、医疗等公共服务业领域，面临市场化程度不足、辐射影响力有限、转型路径模糊等问题。

第二，高水平服务业在新兴领域和新赛道的表现尚不显眼，其融合程度亦有待加强。尤其是在能够推动产业实现规模化成长的新兴领域，如互联网经济、数字经济、健康经济等领域，当前的布局尚显不足，聚焦程度也有待加强。以上海为例，虽然近年来加大了在人工智能、大数据、5G 等前沿科技领域的布局，然而带来的显著成效暂未全面展现，尤其是对于民用航空等长周期、高投入的产业，至今尚未呈现出爆发式的增长态势。

第三，传统制造业非高端化也限制了高水平服务业向高端价值链的攀升。在全球分工体系中，制造业因"低端锁定"等因素而受到限制，这种局面导致制造业在高附加值环节的缺失，不仅阻碍了制造业自身的升级，更对高水平服务业、科技创新与实体经济的深度融合产生了负面影响。由于缺乏有效的互动和支撑，科技成果的转化变得困难，产业化进程受阻，全要素生产率的提升亦面临挑战。

3.6　政策体系尚不能完全适应高水平服务业发展的新特点

随着新业态、新模式的逐步涌现对现有政策体系造成的冲击，完全匹配高水平服务业发展的政策体系尚未建立。

第一，高水平服务业的业务综合性和跨界融合性突破了原有政府部门的职责边界，相关业务部门易产生不协调、不匹配。尤其对数字技术、知识经济、制造服务业等新兴服务业态，产业边界出现延展，难以对应明确的管理主体。新兴高水平服务业行为的发生往往涉及多地、多领域，而跨区域、跨部门协同治理难度较大。以航运为例，由于航运具有综合性的特点，存在企业要同时接受多个部门监管的情况，容易造成政出多门甚至监管政策相互抵触的情况。在调研中，皇家加勒比邮轮总裁反映，国际邮轮行业受交通部、文旅部、海关等部门协同监管，建议国际邮轮的航线部署和运营在取得交通主管部门市场准入和遵守国家出入境和海关检疫法规和政策的前提下，不受其他相关行业行政命令的干预。即在国际航司航线运营的情况下，不应要求国际邮轮公司取消国际邮轮航线，特别是在没有书面解释和通知的情况下。对国际邮轮航线的监管应当比照国际航空航线的市场化、法治化、国际化的监管模式。

另外，基于移动互联网技术的新兴服务业形态和模式展现出突破时空限制和去中心化的特性，使得其经营活动不再受特定区域的严格限制，对传统上以属地管理权为边界的管理方式构成了挑战。以上海为例，上海虽然已在长三角协同监管上取得了重要进展，但是与全国其他省份的跨部门协同难度依然较大。调研数据显示，上海在"与其他地区制度协同性"指标评价中，仅得到了 33.23% 的被调查者的认可。

第二，高水平服务业的快速迭代性和动态变化性与监管标准、质量标准的滞后性存在冲突。高水平服务业的发展较多属于前沿新经济、新生事物。服务方式、服务模式迭代速度快，问题出现多，变化快。而当前很多新领域缺乏成熟可用的政策体系，国际上可借鉴的经验有限，需要政府和市场主体逐渐探索和完善，才能形成可靠的管理模式。由于服务业模式创新的快速变化，政府管理标准和管理模式的设计往往难以同步跟进，导致难以迅速适应和响应新出现的问题和需求，从而使得标准的引领性不足。随着现代科技与金融行业的深度融合，金融行业正在经历前所未有的变革，金融业态日益多样化，风险形态日趋复杂，风险的传导路径和安全边界也发生了显著变化，金融风险形势变得日益严峻，呈现出新老问题交织叠加的局面。金融监管存在滞后，缺乏前瞻性，缺乏有效引导，没有给市场博弈留下足够的空间。监管政策执行弹性大、规则不清。

第三，服务业发展体制机制不畅，阻碍了产业规模化、专业化发展。一是，行业准入门槛设置得相对较高。

尽管金融、保险、电信、交通等领域已经呈现出对外开放的趋势，但高额的注册资本金要求仍是进入这些领域的一大障碍。同时，对于人力资源服务业和会计服务业等行业而言，对员工资质的高标准也限制了社会资本的流入。二是市场准入机制亟须改进。当前的负面清单管理模式需要进一步深化和推广，确保市场主体拥有更广泛的选择空间，推动服务业的全面竞争。在金融、电信、医疗、社会服务等领域，事业性部分与产业性部分、公共产品与准公共产品部分之间的界限模糊，这些服务部门在发展过程中缺乏明确的区分，这导致这些服务部门在发展过程中受到了"一刀切"的处理，使得准入门槛过高，限制过多，并且缺乏宽松而统一的政策环境。三是行业管理体制存在明显不足。当前，部分行业存在多头管理的问题，导致管理效率低下；部分行业则出现了行政分割的现象；同时，一些中介服务行业缺乏长期和全面的发展规划，制约了现代服务业的健康、有序发展。

第四，高水平服务业的技术复杂性对政府部门的专业性提出了更高的要求。高水平服务业尤其是医疗、金融、法律、航运等领域对专业性要求比较高，且更为复杂，仅依靠现有的力量很难形成有效监管。"外行管内行"的现象仍然存在，其主要原因在于管理主体仍以政府为主导，专业化力量还不足。调研中，浦东新区市场监管局反映，监管部门对有技术、懂管理的年轻人才的持续引进面临困难。同时，专业的社会组织、行业协会的力量还比较弱，能为政府监管所用的专业组织力量还不足，监管作用发挥受限。

第五，法治监管、信用监管、智慧监管等事中事后监管设计还不清晰。一是施奖惩于后还不够，信用监管的奖惩力度还可以加强。信用监管要强调奖励和惩罚并重，正向和逆向激励相结合。调研发现，2023 年 3 月，上海推出市场主体以专用信用报告替代 23 项有无违法记录证明的举措，专用信用报告应用于包括金融、商务经营、行政管理等场景。但是对于信用评级较低的企业的惩罚措施仍以加大"双随机、一公开"监管的检查力度为主要手段，对于信用较好的企业激励性措施以提高服务频次为主，真正吸引企业的激励性措施还不够，还做不到"守信者遍行天下，失信者寸步难行"的信用监管目标。其主要原因在于缺少科学、适用的行业信用标准作为指引和规范。差异化的信用监管指标和监管手段还不成熟，尤其是针对不同服务业行业的"加分项"与"扣分项"的科学性、合理性考虑还不够全面，不能完全满足不同行业的信用评价需求。

二是智慧监管数据还不通，智慧监管模式仍受限于数据壁垒。当前背景下，政府各部门均致力于加速智能化、数据化的构建进程。然而，面临的挑战不容忽视，数据信息的更新速度迟缓，流通与共享仍面临诸多障碍。部门间以及部门与企业之间的信息协同水平尚待提升，数据孤岛现象尚未得到根本性改善。这些问题无疑限制了"大数据监管"和"人工智能监管"等前沿技术手段在实际应用中的有效实施与扩展。调研中，因美纳负责人反映，在生物医药行业，卫健委跟民政局、发改委与市场监管的信息不通连，没有办法在横向信息上共享，造成监管标准和尺度不统一。其主要原因在于部门权责"条块"分割，缺乏统一的数据标准。监管涉及众多管理部门，跨越不同地域，任何一个部门都难以制定统一的监管标准，从而造成数据采集的标准、格式和架构不一致，难以有效比对和共享。

三是依法治管还不强，法治化配套法律体系建设还需加强。当前高水平服务业尤其是新业态处置一些现实存在的问题没有相应的法律法规来支撑。首先，与事中事后监管相配套的法律法规体系还需要完善。尽管已经进行了诸多深入的探索与实践，但当前在事中事后监管领域的监管流程、程序等方面，仍然面临着法律法规配套制度安排的不足，导致了监管工作的规范性和有效性受到一定限制。其主要原因在于事中事后监管仍处在探索过程中，制度创新呈现碎片化，尚未形成完整体系。其次，部分新兴服务业领域缺少全面性、前瞻性、统筹性的专门法律规定。如新兴互联网服务领域，针对网络文学、动漫、游戏、直播电商等领域的法规较少、层级不高或执行力度不够。在调研中，完美世界负责人反映，游戏行业对于一些非法售卖游戏视频、道具、外挂服务等行为的特殊行业监管标准还需要加强引领性和示范性，规范行业发展。另外，对于互联网新兴领域，目前主要依靠行政监管，对平台公约的约束、社群组织的自治、网民的正面舆论压力等"软监管"手段的利用还不够。最后，对于知识产权保护，缺乏专门的知识产权执法部门，监管队伍还未能较好地适应知识产权执法专业性强、技术要求高的特点。国家机构改革方案出台后，在知识产权方面也应加大立法保护的力度。

3.7　具有国际视野和适应国际规则的高水平人才还不足

第一，缺乏具备高端技能、创新能力和国际化视野的人才。以上海金融行业为例，尽管其从业人员数量接近 47 万人，占全市就业总人数的 4.5%，然而，这一比例相较于纽约的 10% 和伦敦的 25% 仍显著偏低。高端金融人才比例尚显不足，而市场对此类人才的需求却十分强烈，构成了阻碍国际金融中心持续发展的关键桎梏。对上海金融机构的调研发现，当前缺乏在资产定价、信用评级及金融工具创造方面的高端金融行业技术人才。在拥有国际视野的复合型人才方面也存在明显短缺，特别是金融＋科技、金融＋法律以及绿色金融等领域的专业人才，其数量尚不能满足市场需求。与此同时，目前对海外留学生的吸引力度不够。境外经验表明，留学生资源是保证获得全球人才竞争优势的重要手段之一，多国的留学生引才政策已经获得了良好的政策效果。未来我国在留学生签证便利化、实习制度、就业制度、永久居留制度等方面，需要进一步加大政策力度。

第二，在引进和培育高水平人才方面正经历着严峻的考验。尤其是中小企业，在资源获取、政策支持以及发展潜力等多个关键维度上，与大型企业之间存在不容忽视的差距，使得中小企业在日益激烈的市场竞争中，难以有效吸引并长期保有具备高层次创新能力的人才。此外，企业在人才招聘与培养上也遭遇了一连串难题。调研显示，许多企业在校园招聘中深感招揽理想院校优秀毕业生的难度颇高，企业所渴求的人才与现实中可招聘到的人员在能力上存在显著的不匹配。这种困境无疑对企业的创新发展和长远竞争力形成了严重的制约。同时，我国产业链与专业链还不能有效匹配，尤其是满足经济高质量发展定位的高端产业发展所需的技能型人才、国际人才的培养还存在不匹配，如航运产业发展所需的通晓国际规则的人才、医疗科技发展所需的高技能人才等。

第三，吸引海外人才在跨境流动便利化、人才保障的国际衔接程度、税收优惠力度以及创新创业激励机制方面都存在提升空间，尚未形成良好的高端人才引育留生态。首先，海外高层次人才的引进工作当前主要聚焦于政府层面，过于依赖政府的力量和渠道，而较少采用灵活的引才策略或市场合作模式。这种局限性导致在引进海外高层次人才时力度稍显不足，引进的数量相对有限，且引进的人才结构与当前的实际需求之间存在一定的不匹配。其次，在海外人才保障领域，仍然有许多机制有待完善，许多用人单位尚未为海外高层次人才构建起全面且完善的补充养老金和医疗保险机制，医疗保险结算业务在接轨国际方面的进展也较为缓慢，在一定程度上削弱了海外人才在国内享受医疗保障的便利性和体验，住房、子女教育保障也不完善。再次，目前的境内人才评价体系过分倚重于短期的论文发表、获奖等量化成果，这种评价方式未能充分激发海外人才的创新能力。对于海外人才而言，他们在国内创业所面临的环境条件，如金融支持和公共服务等，相较于欧美国家仍存在一定差距。最后，需加大税收优惠力度。以港澳地区为例，香港的个人所得税最高累进税率仅为15%，而澳门的企业所得税更是低至12%，并且只有当营业收入超过 200 万元时才需缴税。相较之下，内地的税费水平较高，个人所得税最高税率为 45%，并且采用综合计税方法，减税项目较少，即使是符合产业导向的港澳等地区的企业，也仅享受 15% 的税收优惠。这在一定程度上影响了海外人才到内地创新创业的积极性和动力。

第四，人才使用与流通体系存在弊端，抑制了专业化人才在其专业领域的潜能发挥。从吸引外部人才的角度来看，积分落户制度和住房问题仍旧是制约人才流动的关键因素。而从人力资源的配置和利用层面分析，本土猎头公司在市场上的缺失问题不容忽视，对高端人才的服务能力相对较弱，且在确定高端人才劳动力定价方面缺乏必要的主动性和话语权。

3.8　个人和企业所得税优惠政策吸引力还要加强

第一，个人所得税政策成为限制高水平海外人才留在中国内地的最大挑战。高薪酬和高待遇是吸引和留住国际人才的最大挑战。而当前税收制度使得我国与世界很多国家和地区相比明显处于劣势。例如，中国内地高收入阶层的个人所得税税率为 45%，而中国香港和新加坡分别为 17% 和 22%，两地均为热门的企业亚太区总部目的地。在个人所得税方面，新加坡实行累进税率制，税率介于 0～22%（中国香港为 2%～17%，中国内地为 0～45%），2 万新币以内不征税，超过 32 万新币（>160 万元人民币）的个人收入最高需缴纳 22% 的个人所得税。相比之下，中国香港超过 20 万元人民币需缴纳 17% 的个人所得税，中国内地超过 96 万元人民币需缴纳 45% 的个人所得税，新加坡税率低且税率级距大的优势凸显，累进税率累进速度慢、累进程度低，同等收入（如月薪 8 万元）在中国内地容易达到最高边际税率 45%，但在新加坡则适用 18% 的税率，不及最高税率门槛。同时，新加坡采取了灵活的税收安排，包括为引进人才及其直系亲属和配偶提供一定类别的税收减免和一定年限的税收优惠。相比之下，中国内地虽然也实施了针对高端人才的个税优惠政策，但这些政策主要限定于境外人才，且范围较窄。例如，自 1994 年起，中国内地对外籍人才实施个税优惠政策，对其取得的住房补贴、伙食补贴、搬迁费等 8 个津补贴项目暂免征收个人所得税。然而，这些政策并未涵盖所有高端人才，且没有明确提及对配偶和直系亲属的税收优惠。

第二，教育医疗成本对海外人才来说仍然较高。欧盟商会调查显示，79％的受访者表示，我国国际学校的费用已然十分高昂，对于已经习惯本国免费和低成本教育的国外员工和企业高管而言，这一额外的财务负担将导致国外人才数量下降。

第三，企业所得税探索的优惠范围还不够广。调研中发现，上海自贸试验区临港新区规定 4 个关键行业——集成电路、人工智能、生物医药和民用航空等领域在前 5 年享受 15％的优惠税率。深圳前海和福建平潭为企业提供 15％的企业所得税和个人所得税优惠税率，海南自贸港和珠海横琴新区对特定行业免征企业所得税。

对比中国内地城市与新加坡、中国香港和伦敦等城市的企业所得税环境，税收负担的差异尤为显著。在上海的特殊经济功能区内，航运企业需承担 25％的所得税率。然而，新加坡对航运企业则提供了极为优惠的税收政策，企业所得税率仅为 17％，并且辅以多元化的抵扣和优惠项目，使得其综合税率维持在 10％左右。此外，香港和伦敦的所得税率分别为 16.5％和 23％，两者均低于上海特殊经济功能区航运企业的当前所得税率。新加坡实施了一系列针对航运业的税收优惠政策：一是对于船舶注册，政府免征其船舶进口关税以及进口环节增值税；二是对国际航运业务的企业所得税政策格外优惠，不仅税率设定为 17%，而且对境外进行的国际航运业务所得更是免征企业所得税；三是新加坡籍船员在国际航线上服务所获得的工薪收入将享受免税优惠。

3.9　切实让企业能够感受到的营商环境温度还不够

第一，当前的政策措施在力度、覆盖面以及实际执行效果上未能充分满足企业的实际需求，政府政策在推动企业发展方面的作用未能得到充分展现。近年来，我国服务业新业态层出不穷，但是服务业新业态的出现往往在政策上面临空白，一些新的服务业态刚刚出现时，容易受到一些旧服务业态的打压，可能会触碰到现有政策的盲区和约束，进而抑制服务业新业态的发展和繁荣。

企业调研反映，当前证照审批办理便捷度还有待提高。较多企业反映，在开办企业领取营业执照后，办理许可证的便捷程度提升速度相对较慢，开办企业证照联办涉及的跨部门多事项按需组合办理、电子证照应用等问题有待进一步达成共识，相关配套服务的精准度、体验度仍未达到开办企业便利程度的要求。外籍人士在某些领域的相关手续办理也不轻松。比如，上海是国际顶尖的医学中心，有很多国外医生愿意来上海进行短期培训与交流，中山医院的国际部、瑞金医院的国际部和华山医院的国际部都希望能利用这些资源，但因为短期执业证办理流程非常麻烦且审批时长较慢，降低了国外医生来沪行医的便捷性。

第二，仍要大力营造市场化、法治化、国际化营商环境，着力解决高水平服务业企业的"小问题"，"在细微处入手"，真正破解痛点堵点，用"政府信用"获"企业信心"，加强政策的连续性和稳定性。政策重点关注"大而强"而容易忽略"小而美"。当前，市场竞争力的提升面临着多重制约，市场化程度尚显不足，竞争环境未能充分展开。在多数行业，国有企业依然在经济运行和资源配置中占据主导地位，一定程度上限制了市场竞争的活力；部分服务行业仍由政府主导价格制定，尚未建立起完善的市场价格体系，阻碍了市场机制的有效运作；对外开放程度不足，市场竞争并未得到充分激发，尤其在部分传统服务行业，长期以来的相对垄断局面抑制了这些行业的竞争活力，进而引发了它们发展滞后、服务质量参差不齐，以及整体经济效率不理想等问题。而对国外发展较快高水平服务业的细分领域的关注还要提高，如智慧生活、数字文创、医美、游戏竞技等服务业新赛道。

调研时企业指出，当前我国航运口岸监管便利化存在进一步提升的空间。鉴于中转集拼货物的多样性（国际中转、转关保税、本地保税以及本地入区非保税等类型），并且拼箱过程中货物组合的随机性较高，导致货物在抵达港区前，频繁出现货物调配和更换情况。例如，当非保税货物计划进入洋山保税港区进行拼箱时，企业需提前 2～3 天准备详尽的报关报检信息。然而，一旦这些货物信息遭遇临时变动，将直接对进出境备案、出口报关等流程造成干扰，从而不可避免地增加企业的报关时长和费用成本。

第三，部分行业政策法律缺乏稳定性，准入门槛与审批进度还需进一步改善，法律法规的稳定性不足使得外资企业需要随着国家的政策不断改变商业战略和计划。如在医疗领域，2022 年开始推行国家医保局发布的《关于印发 DRG/DIP 支付方式改革三年行动计划的通知》，这项规定明确了从 2022 年到 2024 年，要全面完成 DRG/DIP 付费方式改革任务。这项法规的正式施行预示着各级医疗机构将迎来一场全面而深刻的变革，包括诊疗流程的重新设计，用药规范的严格制定，医保报销机制的优化升级，以及医院运行管理方式的全面革新，进口药、创新药、仿制药、辅助用药都将面临不同程度的冲击。

以金融领域为例，我国在立法体制上正面临两难困境。若选择法律改革路径，则必须承担高昂成本，游说中央立法机构出台专门针对金融行业的法律条文，或是请求中央立法机关特别授权地方立法机构以规范金融领域的监管。若选择前者，那么不仅需要巨大的经济成本，而且过程往往耗时良久。若选择后者，尽管地方立法机构能获取一定的立法权限，但这种权限往往伴随着严格的限制和约束，如同被戴上了"紧箍咒"。以上海为例，2009 年《上海市推进国际金融中心建设条例》便沦为了"花瓶"。若考虑绕过当前法律规定的界限，则必须警惕这种做法可能损害既有的法制和程序框架。为应对这一难题，从比较的视角出发，各个国家采用特别立法的方式来解决类似难题。然而，放眼全球，像美国纽约州以及新加坡等地之所以能在国际金融领域占据重要地位，很大程度上得益于它们拥有相对甚至绝对独立的立法权。相较之下，在立法方面缺乏足够的独立性和自主性，无疑成为阻碍一个地区发展成为国际金融中心地位的重要制度性障碍。

第 4 章

全球高水平服务业
发展的国内外经验

当前，全球正经历着百年来前所未有的深刻变革，全球经济格局亦在迅速调整与演变。在这样的背景下，服务业的开放成为各国竞相角逐、争夺全球竞争新优势的重要阵地，同时也成为重构国际经贸规则的焦点所在。服务业已稳固地跃升为全球经济的支柱性产业，其产值占据了全球生产总值的65％。对于发展中国家而言，服务业提供了2/3的就业机会；而在发达国家，这一比例更是高达80％，服务业已成为其就业市场的主体。对于高水平服务业的发展，不仅要"谈监管"，而且要考虑怎么"有效监管"，怎么"放得开""发展得了"。政府怎么有效推动、支持、培育、造就良好的营商环境，加强监管；不是一提到市场监管就是"关死"，而是更有序地保证秩序，让政府有形的手和市场无形的手相结合。通过对比国内外优秀案例，总结出我国高水平服务业发展的经验启示，推动高水平服务业既"管得住"，又"管不死"，还"管得好"。

4.1　便利、开放、专业集聚全球领军企业

4.1.1　进一步推进市场监管准入流程便利化

1）审批豁免条件更精简

新加坡主要通过简化预注册和注册程序、取消或减少

已付最低资本要求、减少或简化注册后程序、改善在线注册程序以及提供"一站式"服务等改革举措不断优化开办企业指标。澳大利亚政府 2015 年出台了《小型企业简化法案》(Simpler Business for Small Business Act)，旨在减轻小型企业在成立及运营过程中的行政负担，特别是服务行业。该法案通过优化企业注册流程、缩短审批周期，使小型企业能够更快速地进入市场。此外，法案还降低了税务申报频率，进一步减少了企业的财务管理成本。尤为值得一提的是，针对初创公司，政府特别设立了快速通道(fast track) 服务机制，通过这一机制，初创企业能够迅速获得至关重要的营业执照和税务登记，从而在激烈的市场竞争中抢占先机，实现更快速、更稳健的发展。在医疗服务行业，美国食品药品监督管理局（FDA）优化和建立创新性医疗器械快速审批通道，加快创新性医疗器械进入市场。

在金融服务行业，英国金融行为监管局颁布"监管沙盒"计划，旨在建立一个鼓励金融科技公司创新的平台，允许金融服务提供商在受控环境下测试其产品和服务，而无须立即满足所有监管要求。这种安排使得初创公司和创新者能够更快地进入市场。

在商务服务行业，印度颁布了《2020 年电子商务政策》，为小型电商平台设计更为便捷的注册流程，从而显著降低了进入电商市场的门槛。同时，还适度放宽了对这些平台的税务和数据合规要求，以减轻其运营负担。这一系列举措不仅旨在吸引更多企业投身于电商领域，还致力于推动印度数字经济的全面扩展与增长。

2）准入过程更明确清晰

金融行业，中国香港在金融市场的准入与监管中，一直奉行国际标准和惯例。香港特别行政区正式颁布了《证券及期货条例》，为香港证券及期货市场设定了监管框架。香港证券及期货事务监察委员会（证监会）被赋予了关键的职能和权力，其中一项核心职能是负责"向进行受证监会规管的活动的中介人发牌及予以监管"，规定持牌业务的准入和持续监管的要求。中国香港外资通过牌照方式准入，从 1 号牌到 10 号牌代表不同的准入内容和形式，整个过程明确清晰。文化行业，美国政府 2009 年颁布的《电影和电视制作激励法》（Film and Television Production Incentive Act）通过详尽地规划从申请到审批的每一个步骤，明确市场准入流程，确保了市场准入的透明度和可预测性。具体而言，该法案为影视制作公司设定了统一的申请程序，这意味着无论项目规模大小，所有申请者都遵循相同的路径，减少了因流程差异而造成的困惑和延误。同时，法案还明确了审批的时间表，为制作公司提供了清晰的预期，有助于企业规划项目进度和资源分配。此外，法案还特别强调了文件清单的标准化，要求各州在审批过程中明确列出所需提交的文件和资料，这极大地便利了制作公司的准备工作，避免了因资料不全或不符合要求而反复修改的情况，从而加速作品的创作与面世。

4.1.2　进一步推进市场监管准入对外开放化

1）有序降低国内外高水平服务业准入限制

商品制造业，新加坡《海关法》规定，进口商品分为应税货物和非应税货物，应税货物包括石油、酒类、烟类和机动车辆等 4 类商品，非应税货物为上述 4 类商品之外的所有商品。新加坡通过免税政策和外汇自由支付等形式，吸引国外高水平行业的进入。医疗行业，中国香港对于外资高端医疗企业准入标准是药品 1 年时间，医疗器械无时间，准点对接，实行绿色通道，快速引入创新产品。金融服务业印度出台《保险法修正案》，将外国直接投资（FDI）在保险行业的持股比例从 26% 提高到 49%，从而降低了外国保险公司进入印度市场的限制。此外，该修正案简化了保险公司设立合资企业和分支机构的流程，进一步推动了高水平金融服务业的发展。该政策是印度逐步开放金融服务市场、吸引国际高水平服务提供者的举措之一。

2）逐步对接国内外准入标准体系

医疗行业，英国的公立医疗系统全面推行 47 癌种的检测，在癌症一期就能发现，且被英国国家医疗公开纳入。金融行业，欧盟在 2018 年实施的《支付服务指令 2》（PSD2）旨在统一和标准化欧盟内部的支付服务市场，减少成员国间的差异，并与国际支付服务标准接轨。PSD2 引入开放银行的概念，要求银行开放其支付服务接口给第三方支付服务提供者，从而降低了市场准入限制，使欧盟的金融市场更加开放和竞争。该指令与国际上对金融科技和支付服务的监管趋势相一致，推动了金融服务的现代化和国际化。

4.1.3　进一步推进市场监管准入标准专业化

1）促进监管准入信息化、理念可量化

欧美等国家对于企业监管准入，更看重监管理念，把硬监管和软治理结合起来，并更重视软治理。美国 2009 年通过了《医疗信息技术促进法案》（HITECH Act），旨在推动电子健康记录（EHR）系统的建立，实现美国医疗保健系统的数字化。该法案通过提供资金激励，推动医疗机构广泛采用电子健康记录系统，取代传统的纸质记录，使得政府监管机构可以更容易地访问、审查和管理医疗数据。同时，该法案促进医疗数据的标准化和互操作性，确保不同医疗机构之间的数据可以顺畅传递和共享。澳大利亚于 2012 年推动全国电子健康记录系统（My Health Record）的建立。该系统旨在为澳大利亚居民创建统一的、可访问的电子健康档案，该档案涵盖了居民从出生到现在的所有医疗信息。这一信息化措施极大地提升了澳大利亚医疗服务的透明度和数据可访问性，同时，通过全国电子健康记录系统可以对患者健康数据进行长期跟踪，使得医疗服务质量和效率被量化。政府机构可以利用这些数据分析医疗服务的效果、患者结果以及医疗资源的利用情况，并据此进行政策调整。新加坡则出台了《智慧国家计划》（Smart Nation Initiative），旨在实现多个服务领域的数字化，包括医疗、交通、教育和金融服务。例如，在医疗系统，该计划通过建立电子病历、远程医疗和在线预约系统，实时监控医疗服务的质量和可及性，确保高效监管。数字化的医疗系统使得政府能够实时分析公共卫生数据，及时应对疫情或其他公共健康事件。

2）加强监管准入专业化、标准化考核

在金融服务行业，美国出台了《多德-弗兰克法案》，旨在加强对金融服务行业的监管。该法案要求对金融机构的高管、风险管理人员和合规官进行更为严格的资格审核和专业化考核，特别是对系统重要性金融机构（SIFIs），监管机构如美联储对其高管的任职资格进行严格的审查，以确保他们具备足够的专业知识和管理经验。此外，该法案引入了金融机构压力测试（stress testing）和更严格的资本要求，使得金融行业的准入门槛更高、更专业化。专业服务领域，特别是律师行业，大陆法系的德国、日本和法国，通过国家司法考试后需要经过一到两年的职业化培训，该培训是集中的、强制性的，且培训的所有过程当中，如刑法课程、民法课程等，皆需要所有专家老师进行评分，而非简单通过最后一次考试。

4.1.4　完善法律法规，推进市场监管标准法治化

在航运行业，得益于现行海事体系，伦敦在海事仲裁和诉讼方面具有很大优势。由于新加坡的法律框架与当前航运业普遍采用的海商法体系保持一致，因此成为仲裁与解决海事诉讼纠纷的首选地之一，而中国境内适用解决海事纠纷的法律与国际上通用的《海商法》及有关法律仍具有差异，因而大部分中国企业会在国际商事仲裁中败诉。在邮轮行业，美国成立了联邦海事委员会（Federal Maritime Council，FMC），独立于立法部门、司法部门和行政部门之外，直接向联邦议会报告工作，拥有独立管制

权限，监管内容涵盖范围广，监管标准以法律形式明确授权保障。《欧盟条约》是欧盟法律中规范航运业的一级立法规范，具有最高的法律效力，对欧盟航运市场监管非常有效。在文化与互联网行业，美国和新加坡对于新技术和新产品的监管反应非常迅速，这些国家重视保护创新，给其空间充分成长，待其相对成熟后出台法律来引导其规范发展。

经验启示：一是全面推行准入前国民待遇与负面清单制度作为一般性原则，着力加强形式性准入规则与实质性准入规则之间的协调统一，同时完善准入与事中事后监管的衔接机制；二是优化信用体系，完善保险制度，逐步允许在多个沿海城市多点挂靠；三是引入信息化系统，优化双告知信息化的流程，同时，健全线上线下的帮办制度；四是持续深化证照分离改革的审管结合，让登记的准入环节更多服务于后面的监管，形成闭环；五是要完善监管的法治保障，持续加大政策支持力度，推动行业法律与国际通行规则相衔接的制度体系更加成熟，建立联合办案机制，尤其是重点案件，加快办理，保护企业的正当权益，维护行业的公平公正。

4.2　包容审慎的高效能治理形成良好生态

4.2.1　实行包容审慎的监管

在全球市场经济发展的宏观脉络与市场监管实践中，针对高水平服务业，尤其是新兴业态的市场主体，需要贯彻包容审慎的监管原则。包容审慎监管并非意味着一刀切地禁止或忽视监管，而是要根据新业态的特点及性质进行细致的分类，并据此制定和实施相应的监管规则与标准，为新业态提供足够的成长空间，同时确保市场运作的安全性和服务质量的可靠性。国外汽车领域的"监管沙盒"实践，为建立完善针对汽车新技术、新业态、新模式的包容审慎监管新方式提供了参考借鉴。新加坡的监管沙盒通过简化市场准入标准，允许金融机构在保障投资者权益的前提下，快速试验金融科技创新业务。随后，基于这些业务的表现，决定是否将其推广至更广泛的市场，从而为金融科技企业提供一个灵活宽松的创新环境。

4.2.2　从规则监管到原则监管

一直以来，欧美国家在监管领域主要采取规则监管模式，即监管部门设立清晰且详尽的规则框架，市场主体在这些规则内依法行事，只要行为不违背法律，通常被视为合规。然而，市场环境的变化往往先于监管机构的响应速度。例如，在金融行业中，金融创新和金融监管之间呈现出一种"创新—监管—再创新—再监管"的循环演进态势，当前的监管机制在面对快速变化时缺乏必要的灵活性和适应性。鉴于规则监管模式存在的种种局限性，原则监管的理念开始受到越来越多的关注和重视。1986 年，英国推行"金融大爆炸"（Big Bang），目标对准当时已退居纽约之后的伦敦。此次改革不仅摘除了大量已有的金融管制，更让外国公司与机构大量进入英国市场。根据改革内容，所有进入英国的机构仅需"原则性监管"，这也使英美两国金融业发展出了两种不同的监管模式：英国较为宽松，而美国相对更严格。这种被称为"羽毛般轻触"（leather-light touch）的监管方式"摊平"国际市场的思路，也让英国金融业迎来了国际化发展的新高潮。

4.2.3　以风险监管为核心

新加坡从以合规监管为重心转移到以风险监管为核心。新加坡金融监管局对风险监管给予高度重视，其风险管理体系紧密围绕官方监管、公司治理和市场约束这三大现代监管支柱来构建。同时致力于发展先进的风险监测、衡量和控制技术，以应对各种潜在风险，例如，建立符合国情的信用评级系统，精准识别风险点，并针对市场风险、流动性风险以及科技风险等专门设立监管部门，并引进相关专业人才进行专项监管，推动新加坡进一步朝世界金融中心发展。中国香港金融服务业则依靠行业自律机构，如香港银行公会、香港交易所和香港保险业联会，对行业内部风险进行控制和审查。

4.2.4　社会性监管理念

美国对市场竞争的监管策略以对产品风险的严格控制和对市场主体的信用监管为基础，监管理念正逐渐从单纯的经济性监管向更广泛的社会性监管转变。为保障产品安全与质量，美国持续完善生产及服务标准、检验检测与质量认证体系，以及不合格产品的召回制度。在信用管理方面，美国实行奖罚机制，对失信行为进行严厉处罚，同时鼓励守信行为，使得企业违法成本高昂。欧盟在原则上主要聚焦于产品的质量安全监管，尤其重视对有问题产品的源头控制。对于不同产品，欧盟采用多样化的质量安全评估方法，确保安全类产品始终处于严格的监管之下。

4.2.5　全过程监管理念

发达国家在制定新经济监管策略时，特别强调适应新经济多样化、动态化特点的重要性，采取动态跟踪的方式，对新经济的发展进行实时关注，并根据不同阶段所面临的问题，适时调整监管措施，以实现全过程的灵活监管。以美国对智能驾驶的监管为例，在初期，美国政府采取了较为谨慎和保守的强监管策略，在某种程度上限制了自动驾驶技术向实用化阶段的迅速推进。然而，随着智能驾驶技术的实践逐步深入和技术的日益成熟，美国政府灵活调整了监管策略，转向更加开放和支持的立场，通过减少监管障碍，加大支持力度，推动人工智能技术的发展。意大利对股权众筹等领域的监管也体现了动态适应的原则。在这些领域发展的初期，主要以保守、谨慎的态度加强市场准入和过程监管，当这些领域趋向成熟时，推动监管规则及其内容逐渐趋向全面、深入。例如，2016 年，意大利证券交易委员会出台了 19520 号条例，该条例在原有的提供股权众筹平台服务的银行和投资公司的基础上，增加了股权众筹门户经理这一新的实体经营股权众筹网络平台。

4.3　事中事后监管打造国际一流营商环境

事中事后监管的核心在于风险管理与信用监管的有机结合。风险管理侧重于对市场主体在成立后的运营、管理和销售活动进行实时的动态监控和风险辨识，同时淡化事前烦琐的行政审批流程，以降低市场准入门槛，进一步激发市场主体的活力与创新。而信用监管则作为维护市场公平竞争的重要工具，通过构建完善的信用体系来规范市场主体的行为。一旦市场主体出现失信行为，将受到严厉惩处，轻则面临高额罚款，重则可能丧失其市场主体地位。

4.3.1 搭建事中协作共治模式，重视风险甄别与风险防控

中国香港的事中事后监管理念深植于营商法律、行政管理、社会治理、商事登记、投资管理及食品安全监管等制度之中。以香港食品行业为例，鉴于香港独特的地理位置，超过 90％的食品依赖进口，然而，香港的食品安全合格率却始终保持在 99％以上的高水平，这归功于其完善的食品事中事后监管法律体系与严格的执法体系。在食品安全领域，香港构建了由政府、食品企业和消费者三方共同参与的事中事后监管模式，以风险评估、风险管理和风险传达为核心，形成了一套三位一体的风险防控机制。同时，香港还强化了事后法律惩戒和信用惩戒措施，确保失信或违法的企业和个人承担高昂的法律成本，从而维护了食品市场的公平、公正和秩序。新加坡则构建了社会共治的事中事后监管模式。新加坡政府始终致力于维护其作为公平自由贸易港的崇高地位，几乎摒弃了所有烦琐的行政前置审批流程。以新加坡金融监管为例，作为该国最核心、最具权威的监管机构，新加坡金融监管局秉持风险导

向的监管理念，对事前金融管制采取了相对宽松的态度，而更多地聚焦于事后风险的甄别与防控。为此，金融监管局制定了《金融机构影响及风险评估框架》，这一框架被全球公认为最完善且有效的金融风险评估与防范体系。以审计服务业为例，美国的上市公司会计监督委员会（PCAOB）、英国的财务报告委员会（FRC）以及日本的注册会计师与审计监督委员会（CPAAOB）的主要监管资源都集中在事中和事后。该三大机构均对监管的审计师事务所实行"注册制"，形成一整套注册后的事中和事后监管机制安排。

4.3.2　数据监管注重事前防范和事后问责

在跨境数据流动监管方面，目前全球两大体系对跨境数据流动采用不同的规制方法：一种是以地理区域为基准的充分性保护原则，进行事前防范；另一种则是以组织机构为基准，对违规行为进行事后问责。

一方面，欧盟坚持对外严格限制、对内鼓励流动的原则，跨境数据监管机制主要由三大支柱构成：白名单机制、标准合同机制以及约束性企业机制。白名单机制是通过欧盟严格的充分性审查来确定哪些国家可以纳入其跨境数据自由流动的白名单。一旦一个国家被列入此名单，其在欧盟境内的数据传输将享受无阻碍的待遇，不需要额外的特定授权或增强安全措施。充分性审查涵盖的关键要素包括数据保护法律框架的健全与实施情况，独立数据保护监管机构的设立情况，以及数据保护司法救济机制的有效性等，以确保这些方面均符合欧盟的标准。标准合同机制则针对那些欧盟境外数据需求方所在国家的数据保护水平尚未达到欧盟标准，但又有跨境转移欧盟境内数据需求的场景，在此情况下，数据需求方和供给方在跨境数据传输时，可以选择使用欧盟委员会已批准的标准合同文本来签署协议，可直接进行数据的跨境转移，不必额外寻求跨境数据监管机构的授权或同意。约束性企业机制则是一种由企业主动参与的机制。企业需首先拟定数据保护规制草案，然后向欧盟境内具备合法资质的数据监管机构提交申请，请求其担任数据保护的主管机构。一旦申请获得批准，且其规制草案经过主管机构和其他成员国监管机构的确认，该规制即告生效，企业便获得了在欧盟境内处理数据的正式授权。

另一方面，新加坡倡导数据安全与经济发展的协调与平衡，在跨境数据流动监管方面的考量与中国接近，尤其值得我们借鉴。首先，新加坡在迈向"智慧国家"的战略征途中，需构建一个兼具开放灵活性与安全保障的跨境数据监管环境，需筑牢强大、可靠且灵活的网络安全基石，以确保数据在跨境流通中的安全性和稳定性。同时，新加坡还需不断提升数据集的规模、质量及价值，以吸引全球领先的跨国公司纷纷落户，设立数据中心，并在其境内开展广泛的数据收集、存储、交易和处理等活动，加强其作为高可信度世界级商业中心的地位。对于跨境流入的数据，新加坡不进行额外的监管；对于纯中转的数据，原则上也不设限制。然而，对于组织数据和与新加坡有连接点的跨境流出的个人数据，新加坡则实施有针对性的监管措施，以确保数据的安全性和合规性。其次，在维护国家安全需求和数据主权完整性的坚定立场上，新加坡将数据安全保护视为跨境数据自由流动不可或缺的前提和基础，旨在严密防范他国对本国数据的潜在管理和监控风险。最后，新加坡深刻认识到个人数据安全的重要性及其所承载的宝贵价值。因此，新加坡在保护数据主体合法权益的同时，也充分尊重并承认公共组织和私人组织在合法、合理范围内收集、利用个人数据的必要性，致力于通过制定和实施规范措施，确保个人数据的跨境流动安全且合规，严防个人数据被不当收集和利用。

新加坡十分重视数据安全监管与治理。一是对现有的数据泄露准则和问责制度进行更新和完善。2012 年，新加坡颁布了《个人数据保护法》（Personal Data Protection Act, PDPA），其中，关于数据泄露的具体情况以及问责机制的详细规定尚显不足。新加坡政府于 2018 年和 2019 年颁布了《关于国民身份证及其他类别国民身份号码的（个人数据保护法令）咨询指南》和"重要案例"，并对相关细节进行了补充。并且新加坡专门设立了"个人数据保护委员会"，其职责涵盖了对网络数据泄露的积极监管，包括运用"快速决策程序"来更加迅速、主动地介入数据泄露事件的调查与处理，确保个人数据得到及时有效的保护。二是借由国际网络周这一专为网络治理而搭建的重要国际合作平台，正式发布全新的安全网络规划。2020 年 10 月，新加坡成功举办了第五届国际网络周，并正式发布了《2020 年新加坡安全网络空间总蓝图》，展示了该国在网络安全领域的宏伟规划和坚定决心。规划聚焦于三大战略重点：首先是保护核心数字基础架构的稳固性，其次是维护网络空间活动的安全有序，最后是提升民众在网络安全实践方面的应用能力。这一新规划不仅为新加坡构建了一个更加安全的网络空间愿景，而且致力于提升个人、社区、企业以及社会组织的网络安全防护水平，充分展示了新加坡在网络安全领域的监管和治理能力。

美国也是采用这一规制方法的典型代表，鼓励数据的自由流动，最大限度地追求跨境数据流动带来的经济效益，同时也充分认识到需要保护个人数据和隐私信息，故专门颁布了《电子通信隐私法案》《网络安全信息共享法案》，以加强事中事后的监管规范。

4.3.3　不断完善社会信用监管体系

信用监管是加强事中事后监管各项机制措施的基础，而不断完善的社会信用体系是实施信用监管的前提。

第一，公共征信与民营信用体系双足鼎立模式。在德国，全民覆盖性的民营信用服务系统与以政府为骨干的公共征信系统并存的格局形成了德国的社会信用体系。民营信用服务系统是为公司和个人服务的执行主体，在政府引导下覆盖全社会。公共征信系统以德国中央银行信贷登记中心为代表，是民营信用机构的重要、可靠、权威的数据源，也是政策制定者和社会信用的监督管理者。此外，德国民营信用服务机构众多，信用服务企业逐渐向提供多种信用服务的混合经营方向发展，较大规模的信用服务公司除提供信用报告和信用风险评估服务外，也提供从信用咨询、信用保险到商账追收和资产保理等全方位的信用服务，有效推进了德国信用管理服务业务的系统化、规范化运作。

第二，以信用中介机构为主导模式。在美国，社会信用体系的建设主要由信用中介机构引领，这些机构遵循市场经济的规律和行业自律原则运作，而政府则扮演着立法支持和监管信用管理体系的角色。美国市场化运营的信用中介机构可以细分为三大类别：一是资本市场信用评估机构，它们的评级直接影响着全球各国政府及企业在国际资本市场上的融资成本与额度；二是商业市场信用评估机构，专注于为企业提供信用调查和评级服务；三是针对消费者个人信用的评估机构，通常被称为"信用局"或"消费信用报告机构"。此外，美国还有数以千计的小型消费者信用服务机构，提供多样化的消费者信用服务，以满足消费者的不同需求。

第三，行业协会模式。日本的社会信用体系独具特色，结合了银行协会建立的会员制征信机构和商业性征信机构，共同构建了一个独特的社会信用管理模式，形成了日本特有的社会信用生态。日本的信用信息机构主要划分为三大类：以银行业协会为主导的银行体系信用信息机构，专注于消费信贷领域的信贷业协会信用信息机构，以及服务于销售信用产业的信用产业协会信用信息机构。首先，日本银行协会联合其他会员机构，共同设立了非营利性质的银行个人信用信息中心，要求各会员定期提交详细的信用信息，形成了一个专属于会员内部的信息共享与交流平台。其次，信贷消费公司的众多行业协会成员或会员，在保护消费者隐私方面，均受到其所在行业协会内部严格制定的相关规则和制度的约束。同时，为确保数据安全和隐私保护，各信贷消费公司内部还独立制定了"个人信息保护规则""文件管理规定"以及"个人信息出示规则"，以确保信息得到全面而妥善的保护。

经验启示：构建全方位监管风险防控体系，打造优质监管队伍。一是以信用监管为核心，构建监管风险防控体系。在信用监管领域，可深入学习和借鉴中国香港、新加坡等地的实践经验，强化事中事后流程的动态监管机制，构建一套科学的风险评级制度，确保能够针对不同的风险评估等级，精准制定并实施相应的风险防控和处置预案；全面推行信用监管，将其融入监管的每一环节，持续完善被监管主体的信用档案制度，以实现跨部门间的信用信息高效共享，并构建一套严密的事后联合信用惩戒体系；在现有跨部门联合惩戒的基础上，积极引入市场力量，如腾讯、阿里等第三方网络服务平台，共同参与对失信行为的联合惩戒，以此加大失信者的违法成本，共同构建一个多方参与、共同治理的信用共享监管管理平台；充分发挥行业自律组织的独特作用，特别是借助行业协会的力量，及时收集并分析信用信息，对潜在的信用风险进行预警和处置，确保事中事后监管的及时性和有效性。

二是打破"数据壁垒"，实现事中事后动态监测和风险识别。在监管制度创新方面，消除各部门之间的"数据壁垒"，实现数据收集工作的标准化与程序化。统一各个监管部门的数据采集标准，确保数据的一致性和准确性，统一数据保存格式，以便于数据的存储、查询和交换；打破原有部门间的数据壁垒，促进数据的自由流动，通过高效的数据交换来提升监管效率；构建跨部门、跨区域的信息监管共享平台，不仅实现信息、数据的实时共享，还能够将监管责任分散至各部门，从而实质性地提高监管的有效性；加强在事中事后监管领域的跨国监管合作，共同打击跨国违法犯罪行为。通过与国际监管机构建立紧密的合作关系，加强信息共享和协作，及时获取监管信息，探索实施长臂监管策略。

4.4 标准化、透明化、法治化提升发展质量

4.4.1 "铁面"标准与连带责任相结合

1）严格的赔偿标准与连带责任

以汽车行业为例，美国对产品实施了严格的赔偿机制，一旦某一产品被发现有质量问题，所有同类型的产品都将被追究连带责任。在欧洲，英国金融市场行为监管局（FCA）对于银行和金融机构的监管也非常严格，如标普

公司因欺诈行为被罚款 1.4 亿英镑。调研中发现，上海张
江高科技园区试点的一项新药研发和临床试验项目，旨在
推动中国新药研发和创新。该项目的一种新药是用于恶性
肿瘤化疗所致血小板减少症适应证（CIT）的中国创新药
物，是由恒瑞医药自主研发的海曲泊帕乙醇胺片——一种
小分子、口服、非肽类促血小板生成素受体（TPO－R）
激动剂。它在临床试验阶段已经表现出了很好的疗效和安
全性，准备进入上市前的审批阶段。然而，该药物因为中
国药品审批制度相对较为严格，且审批时间较长，而选择
在美国进行上市，获得了美国食品药品监督管理局（简称
"FDA"）的孤儿药资格认定。FDA 在药品上市前的准入
要求较为宽松，但事中事后的监管非常严格，能够保证药
品的质量和安全性。目前中国药品审批制度在某些方面还
需要改进，以提高药品的研发效率，但同时也表明，在国
际化进程中，中国企业需要考虑到世界各地的监管要求，
并在符合法规的前提下进行全球化发展。

2）提升行业透明度，实施算法问责制度

以高新科技行业为例，其算法滥用带来了严重的社会
危害，侵害了消费者的合法权益。为了加强事中监管，欧
美国家实施了若干算法治理的举措，例如，推进算法公
开，提升算法透明度。德国于 2019 年通过了《数字服务

法》，该法规定，许多大型数字平台（例如社交媒体和搜索引擎）必须公开其算法，以便消费者和监管机构能够更好地了解其运作方式。美国加州州政府在 2018 年通过了《算法透明度法案》，要求在加州运营的公司公开其使用的算法，并且解释算法决策的原理和数据来源，建立算法问责制，强化算法损害的可救济。美国联邦贸易委员会（FTC）于 2018 年 5 月颁布了《算法公正与透明报告》，要求公司建立透明度和问责制，确保算法的公正性。

4.4.2　灵活监管与政策创新相结合，避免"一刀切"

1）实施灵活弹性监管

例如，新加坡金融监管局对银行机构实施严格监管；在监管框架下，众筹平台明确不被允许吸收公众存款，且仅面向认可或合格的投资者群体，因此，新加坡金管局对这些平台的监管标准相对宽松。然而，随着一些众筹平台开始协助企业从散户投资者中募集资金，新加坡金管局意识到需加强监管力度，规定这些平台必须事先获得金管局的牌照，并遵循最低资本和信息披露的相关标准。此举旨在实现两个重要目标：一是为初创企业和中小企业提供有效的融资渠道，二是确保投资者的权益得到充分的保护。

2）"监管沙盒"政策助力企业

在 2016 年，新加坡金管局提出了金融科技产品的

"监管沙盒"机制，这一举措使得新加坡紧跟英国之后，成为全球第二个成功推出"监管沙盒"的国家。如果企业申请沙盒获批，新加坡金融监管局将会为该公司提供适当的监管支持，在沙盒期间放松对该公司的特定法律和监管要求。在新加坡金融监管局设立的"监管沙盒"中，当局为金融科技公司创造了一个独特的试验环境。在事先报备并得到许可的前提下，这些公司被允许在沙盒内开展一些与现行法律法规存在潜在冲突的业务，且这些业务通常需要在正式获得牌照后才能进行。这一举措为包括虚拟代币企业在内的金融科技公司提供了宝贵的创新空间。截至2022 年底，已经有超过 150 家公司受益于沙盒政策。

经验启示：强化监管问责制度，算法"透明化"，实现可追溯可问责。以高新科技行业为例，我国可借鉴美国的做法，探索建立算法应用监管制度体系，开展算法应用调查，深入探究不同应用场景下滥用算法的潜在危害，加速推进算法应用规则和标准规范的制定工作。一是构建一套完善的算法应用影响评估体系。针对典型的算法应用场景，强制要求企业在正式部署算法之前，全面、细致地评估其对消费者权益以及个人基本权利等可能产生的潜在影响，基于评估结果，企业需针对识别出的风险点，精准地制定并实施有效的风险防范与应对策略。二是拟定算法透明度制度。企业有义务向监管部门以及公众披露其算法应用的相关信息，包括但不限于算法的采用目的、实际运行场景以及技术实现的细节。对于可能对个人和社会产生重大影响的算法决策，企业应详尽阐述其基本原理。三是设立算法问责机制。通过制定明确的算法应用规则，确保个人在因算法决策受到损害时能够获得有效救济。个人有权对算法决策提出质疑，并可以要求对存在争议的算法决策进行人工审查等。

4.5 多主体监管平台规范服务业发展模式

在当前的市场监管环境中，各国均高度重视政府、社会与市场主体之间的协同合作与密切配合。数据开放为体制内外的广泛参与者提供了共同协作的平台，共同解决政府难以单独处理的棘手问题。美国总统行政办公室于2014年5月1日向奥巴马提交了一份名为《大数据：把握机遇，维护价值》的报告，强调公共和私人部门可以利用大数据技术最大限度地获取利益、减少风险，增强政府的问责性，保护隐私与公民权利。

4.5.1 完善政府市场监督机制，优化政府监管手段

第一，优化市场监管的执行机制。美国政府的监管机

构层次分明、职责明确，拥有清晰的市场监管目标，集标准的制定、监督与执行于一体。在联邦政府的层面，联邦贸易委员会和司法部作为主要机构，承担维护市场秩序与监管的主要职责。美国司法部作为国家的最高执法机构，其部长同时兼任总检察长，该职位由总统提名，并需要经过参议院的审议和批准。美国联邦贸易委员会与司法部是两个在反垄断和维护公平竞争方面各自拥有专业职责的独立执法机构。然而，在处理非犯罪案件时，这两个机构之间存在职能的交叉。

第二，利用大数据优化政府监管手段。2013 年 2 月，法国政府正式推出了《数字化路线图》，意在通过一系列精心设计的投资激励政策，加速新兴企业、软件制造商、工程师以及信息系统设计师等的成长和繁荣。为支持大数据在内的 7 个未来前沿项目的发展，法国政府特别拨出了 1 150 万欧元作为资金支持。

第三，通过立法手段强化自我管理。通过制定和实施相关法律，日本实现了对市场行为的引导和规范。日本凭借其完善成熟的市场经济体制，加上对源头管理的严格把控，促使市场主体普遍形成了自觉守法经营、坚守诚信的良好素质，在生产环节展现出强烈的自我规范管理意识，在流通环节，侵犯消费者权益等违法行为鲜有发生。在这样的环境下，企业大多能够依靠自我管理实现良性发展，政府部门则得以减少直接监管，更多地扮演指导与支持的角色。

4.5.2　充分发挥行业协会的引导和监管作用

在全球化的背景下，非政府组织的发展已成为必然潮流。尤其是行业协会作为这一潮流中的一支重要力量，在欧美国家的市场经济监管体系中发挥的作用日益重要。充分发挥行业组织和第三方机构的补充作用，可以提升行业的服务质量，促进行业的合规发展，实现行业的高度自律。

美国行业组织在市场监管领域扮演着关键角色，其职能主要体现在以下四个方面。第一，依据法律规定，制定行业规则和行业标准，实现对企业行为的自我监督、约束和管理。第二，作为会员利益的代表，美国行业组织积极聚合行会会员及本行业大多数成员的意愿和意志，通过多样化的合法途径和方法进行游说，不仅能够深度参与并影响政策的制定和修改，甚至在某些情况下还能对立法过程产生重要影响。如美国零售商协会（NRF）通过游说国会议员，使国会通过了促进企业"走出去"的贸易支持法案，为企业创造了良好的外部环境。第三，对内致力于协调本利益集团内各成员间的关系，对外协调与政府以及其他利益集团之间的沟通与合作，通过整合资源和力量为自己争取更为有利的发展条件。举例来说，全美电子零售业协会（ERA）不仅积极向政府部门推荐其会员企业，以助力它们拓展业务版图，寻找更多商机，还担任着政府与企业之间沟通的桥梁角色。华盛顿特区商会（COC）也为会员企业提供了一系列支持服务，如参与政府活动的机会、技术层面的支持以及商业资源的共享等。第四，保护消费者权益。在众多经营者团体中，如广告自律协会（BBB）和人寿保险协会（ACLI），都设有专门的机构来接待消费者的投诉并处理相关纠纷。民间组织的存在也相当普遍，其中一些甚至已经发展成为专业化的职业组织，消费者联盟（CU&CR）就是一个典型代表。该联盟（1936 年成立）不接受企业捐赠，保持了高度的独立性和公信力，配备了先进的专业检测设备，拥有 100 多名专业的工程师团队，为超过 800 万名会员提供关于产品质量的专业信息和报告，并且代表会员发现、纠正和阻止违法行为，对不法生产者和经营者产生了巨大的威慑作用。

除美国外，德国通过辅助型商业协会为企业代言和服务，维护企业利益；英国制定了一系列行业规范，实施行业组织自律监管，如重点行业组织强制管理、一般行业组织自律管理、行业组织行为规范管理等；日本的医疗器械行业的认证标准，完全依靠行业协会自我约束、自我管理、共同遵守，而政府没有制定医疗器械的标准。

在金融领域，成熟市场经济体银行业的行业协会在金融监管体系中的地位都很重要，发挥了对监管的良好补充作用。法国银行业协会协助当局的监管工作，督促会员单位执行欧洲央行的规定和协会规定，法国银行同业公会有权对会员银行的违法活动提起诉讼，以限制各种违法违规行为的发生；荷兰银行公会制定了银行与顾客关系总则；德国的银行业协会则建立了存款保险制度。

在金融科技领域，行业协会等组织协助监管部门防范风险。新加坡金融管理局积极借助新加坡金融科技协会等平台，加强沟通与协作，旨在发掘并应用潜在的监管科技解决方案，如充分利用机器学习、自然语言处理和大数据等先进技术，以应对数字经济中面临的挑战，例如，可疑交易报告的网络分析和证券交易所市场操纵的监测等问题。澳大利亚交易报告和分析中心推出了 Fintel Alliance 智能监管计划，汇聚政府、行业、学术界和国际合作伙伴的力量，构建了战略合作联盟，通过公私合作伙伴关系，共同打击洗钱和恐怖主义融资等违法行为，维护金融市场的安全稳定。

在养老服务领域，英国、日本等国通过第三方机构对质量和服务严格把关。英国健康和社会服务部旗下设有照护质量委员会，这一机构专注于英格兰地区卫生健康和社会照护领域的质量监管，对养老院、医院、诊所、社区居家照护机构以及急救中心等各类服务机构进行统一的质量管理。日本厚生省与通产省携手指导，共同成立老龄商务发展协会，为老年群体制定和推广商业道德规范，加强整个行业及企业的自我约束和自律性。为了进一步提升服务质量和产品的安全性，还引入了"银色标志制度"，由消费者、生产者代表以及资深学者共同组成的"银色标志认证委员会"负责执行，对符合标准的社会养老机构以及养老产品的生产厂商进行严格的审核和认证，并将认证结果公开透明地展示给社会大众。日本政府正逐步将养老服务的部分监管职能移交给老龄协会，同时积极吸纳消费者和养老服务业专家参与监管，以构建一个全面且多角度的监管网络，加强政府、行业协会及社会各界在养老服务业发展中的紧密合作与高度自律。日本养老服务行业正积极采纳第三方评价机制，以打造一个更为精细且全面的养老服务质量评价体系。该体系的核心在于"三级"评价架构，涵盖养老机构自身的自评、老年人的直接评价以及独立的第三方专业评价。为确保评价的公正性和针对性，评价体系还针对不同类型养老机构的特定设置与服务特色，制定了差异化的评价标准，覆盖机构设置、业务管理、服务内容及运营管理等多个关键领域，并且每个评价维度下都设置了详尽且具体的评价指标，从而确保评价的全面性与精确性。

在互联网领域，德国的混合监管推进行业自律的方式值得借鉴。完善的自律组织在德国的监管过程中发挥了巨大作用。德国实施政府与行业协同的混合监管模式，有效激励了政府更为主动地履行其监管职责，并在日益复杂的网络环境中，保障公众的权益得到最大程度的维护。对于互联网行业来说，明确的监管权赋予其更为宽松但又不失秩序的发展环境。德国互联网行业与政府之间监管权的明确划分，正是其互联网监管制度的一大亮点。此外，行业自律所展现出的显著成效，进一步证实了其在整个监管体系中的核心地位。

4.5.3　鼓励社会参与市场监管

欧美国家市场监管的显著特点之一是其强化社会监督的机制。在由司法系统、政府行政执法部门以及行业自律组织构成的核心监管框架之外，法律明确将新闻媒体和消费者维权组织纳入市场监管的主体之中，使这些社会力量成为市场监管体系中不可或缺的重要组成部分。英国形成了公众监督、企业自我保护性监督、舆论监督、信息系统等一套完善的社会监督力量。德国核电站运营商意昂

(E. ON) 集团制定了一套完整的安全管理体系，包括事故预防、应急响应、安全文化等方面。德国核电站的安全标准非常高，对于每一种可能的灾难情况都进行了详细的预案和演练，并及时向公众传达风险信息，保障了公众的安全和信任。

美国医疗部门已全面搜集了全国绝大多数医院的感染率数据，但政府面临一个挑战：如何将这些海量的数据转化为公众易于理解和利用的信息。因此，政府特别推出了 data. gov 网站，将原始数据公开分享给大众。随后，微软、谷歌等科技公司积极响应，利用这些数据创建了直观、易懂的数据地图，让公众能够方便地查询任何一家医院的感染率情况，从而做出住院选择。在美国，一款名为 "SeeClickFix" 的应用程序已经在上千个城市得到广泛应用。这款应用允许用户通过手机拍照，轻松举报诸如乱涂乱画、交通设施损坏或排水管堵塞等问题。拍摄的照片会被自动记录并发送至相关的公共事业部门，以便及时采取措施解决问题。

4.5.4　企业制定高标准，实现企业自管自监

欧美国家重视企业生产者和经营者的身份，强调企业"第一责任人"的角色，因此，企业的自治在市场监管工作中也占据了一定的分量。

第一，企业建立主体责任机制。例如，美国的生产企业第一时间赔偿、经营企业追缴赔偿机制等。第二，企业参与全程追溯机制。例如，全英有 4 000 多家超市参与食品安全追溯机制。在英国，超市必须对其销售的所有食品实行追溯机制，如果产品出现问题，超市可以使用追溯系统迅速定位问题，追踪产品的来源和去向，并将有关信息发送给监管机构。在这个过程中，每个食品都有一个唯一的编码，以确保其可追溯性。澳大利亚的多家牧场和屠宰场以及食品公司都使用国家畜禽识别系统，该系统使用电子标签和全球定位系统技术，跟踪每只畜禽的生产过程。每只畜禽都有一个唯一的标识号码，系统记录了畜禽在不同场所的生产情况和历史记录。这个系统能够追踪畜禽的生产过程，保证食品安全，并帮助监管机构进行溯源调查。

在日本，企业经营者普遍显示出高度的自我约束能力，这种能力深受该国政府在经济活动中所占据的主导地位影响。政府的核心角色间接地培育了市场主体对规则的尊重与恪守，同时也培养了企业家的自律精神。每当政府出台新的法律法规或市场运作制度时，这些政策往往能得到市场各方的积极响应和有效执行，保障了市场的有序运作和平衡发展。

4.5.5　发挥第三方机构专业优势，实现高效监管

在药械产品的安全和质量责任方面，欧美国家将监管责任下放至第三方监管或认证机构，优化了政府部门在产品的研发、注册、生产、销售与使用环节的监管流程，在减少政府为企业产品背书可能的同时节约了大量的行政资源。美国《消费者品质法》规定，由第三方机构负责对已售出服务品质进行监督，服务质量异常的企业会受到严厉的处罚，以避免新的不合格服务产品的出现，并保护消费者权益。新加坡巧妙借助了第三方非官方评估机构的力量，其中，DP 公司作为新加坡最大的民间信用风险评估机构，负责对所有企业进行深入的信用风险甄别和画像绘制。通过这项工作，DP 公司能够准确提示企业可能面临的信用风险，从而协助市场参与者有效规避潜在的信用风险。

在医疗行业，国外监管主体的多元化使政府能够高效且有质量地对市场上各种类型的高端医疗服务机构进行监管，同时，以社会或第三方机构事中、事后监管为主。例如，美国的非政府医疗服务监管机构——医疗机构认证联合委员会（JCAHO）负责制定的认证手册，每项标准都有详细的指导、目标、执行机制和评价方法，每三年对医院进行一次检查，检查的简要报告向公众公布，认证否决

是唯一的正式制裁措施。

中国香港特别行政区政府委托香港旅游发展局（Hong Kong Tourism Board），通过采用智能算法和大数据分析的方式，对高端酒店行业进行监督检查，包括卫生、消防安全、服务质量等方面。该机构的监管流程大致如下：首先，旅游发展局会收集相关数据，包括酒店的营业执照、卫生检查报告、消防安全检查报告、服务质量评估报告等；其次，通过智能算法和大数据分析，对这些数据进行筛选和分析，快速检测出存在问题的酒店；最后，旅游发展局会向相关政府部门发出警告或罚款通知，并对问题酒店进行处罚和处理。

在金融行业，例如，美国为了深化对金融消费者和投资者的权益保障，新的金融监管机构应运而生。美联储通过整合原有的七个专注于消费者保护的部门，创立了全新的金融消费者保护局，该局的局长由总统直接任命，赋予了其高度的独立性和权威性。与此同时，美国政府在证券交易委员会下增设了投资者顾问委员会和投资者保护办公室，为投资者提供了更为全面和专业的咨询服务及保护机制。除此之外，为了应对全球化金融市场的挑战，美国还加强了对跨境金融机构的监管，特别是在资本金和业务规范方面进行了重点强化。

1）多重专业评估方式相结合，为高端服务保驾护航

一是"线上抽检＋线下实检"，确保服务优质可持续。重庆市巴南区采取"中心带站"模式，由站点搜集家庭的各项养老需求，需要哪种服务，便由中心精准匹配。通过"中心带站、服务进家庭"模式实行社会化运营。巴南区以老年人的居住地点为核心，采用"中心带站"的创新模式，精心构建了多个"一刻钟养老圈"，为老年人提供便捷高效的养老服务。政府通过多项扶持政策，包括免费提供场所、延长租期、提供租金减免及资金援助等，积极引入社会机构进行运营，并大力倡导专业养老服务机构加入。此外，政府还委托了专业的第三方机构，采用"线上抽检＋线下实检"的全方位评估方式，对运营单位进行全面考核，确保养老服务的社会化运营既高质量又可持续。在巴南区智慧社区的智慧养老云平台上，一张详尽的大数据图表清晰直观地展现了全区养老服务的布局情况，使养老服务实现了全流程的网上操作，同时，居家养老服务的数据也得到了实时监控，为老年人带来了更为便捷和高效的养老服务体验。

二是引入第三方监管每月评审制度。北京恭和老年公寓是北京首家引入 PPP 模式的养老机构，乐成养老集团获得了朝阳区恭和老年公寓的经营管理权。为保证养老服务

的质量，政府在引入 PPP 模式时，采取了赋予社会资本经营自主权的策略，让具备专业知识和技能的人员能够全权负责养老服务的运营和管理。与此同时，政府为增强监管力度，特地引入了独立的第三方监管机构，承担每月至少一次的上门评审任务，并据此撰写详尽的评审报告。政府将根据这些评审报告，对参与养老服务的企业实施精准监督，并责令整改，使老人享受更好的服务。

三是利用行业优势与科技赋能，实现数字化监管。以校外教育培训行业为例，广发银行发挥金融机构可提供资金监管金融服务及科技赋能的行业优势，整合教育培训功能与资金监管功能，为教育局监管、教培机构、学员/家长提供全流程数字化解决方案：一是为教育监管部门提供高效资金监管平台，实现监管资金与业务信息全流程管控，全面掌握教培机构资金数据，提前预判机构运营风险；二是为教培机构提供在线缴费、资金监管、招生管理、课程管理、学生管理、数据驾驶舱等金融服务与系统支持，解决资金监管难题；三是为家长提供阳光资金监管，提供多种支付渠道，自主确认销课进度，切实保障资金安全。

2）再次监管让第三方机构监管到"实处"

建立第三方监督评估机制管理委员会，确保第三方监管"到位"。深圳市南山区检察院牵头举行南山区涉案企业合规第三方监督评估机制管理委员会,加大对第三方监控人的监督力度,确保涉案企业"真整改、真合规"。一是在处理涉及企业的犯罪案件时,检察机关首先会评估案件是否满足企业合规改革试点的适用条件。若符合条件,案件将转交给由管委会选任组成的第三方监督评估组织,由该组织负责全面调查、评估、监督和考察涉案企业的合规承诺执行情况、合规建设的开展情况以及合规整改的实际效果。这些考察结果将成为检察机关依法处理案件时的重要参考依据,确保案件处理的公正性和有效性。二是对于第三方监督评估组织的职能、工作运行进行细化规定,对第三方机制专业人员的选任、管理和保障作出了细致的规定。

经验启示:一是监管的同时鼓励高端服务行业"先行先试",尽早建立监管沙盒制度。以高端金融行业为例,建立监管沙盒制度将有助于在鼓励金融科技业务创新的同时,实现系统性金融风险的有效防范。例如,监管者可考虑对部分创新型金融机构的创新型业务,在设定明确试点范围和规模的前提下开展先行先试。通过这种方法,可以积累实践经验,结合试点过程中获取的反馈和效果,不断完善和调整相关政策与机制。随着试点的成功推进,可以逐步将该机制推广至更广泛的牌照类金融机构中,以促进整个行业的健康、有序发展。二是促进"第三方机构＋AI"模式。我国其他地区可借鉴广东经验，促进第三方机构更加高效监管，真正做到对市场主体真"严管"、真"厚爱"。合理运用 AI 人工智能技术，以教培行业为例，根据教培资金监管系统中预设的资金拨付规则及风险预警规则，在学员/家长发起销课指令时自动完成资金的划转，并能根据资金监管余额、交易流水等数据自动进行监管风险识别与提示。鼓励第三方机构金融云搭建一站式云校务管理平台，在兼顾教培管理功能的同时，为教育行业提供多终端、多账户、多样缴费形式、多维度数据信息汇总的银行安全级别的校园资金归集解决方案。

4.6　专业优势与科技赋能促进服务业跨界融合

4.6.1　加快推进行业数字化、信息化监管

以保险服务行业为例，北京银保监局秉持"立足北京、辐射全国"的理念，致力于加强保险从业人员的日常监管工作，定期清理并核实执业登记数据，同时积极鼓励保险专业中介机构结合实际情况，加速其信息化和数字化转型进程。通过运用先进的信息技术手段，有效提升了从业人员的合规管理水平和风险防控能力，确保行业的稳健

运营。具体来说，一是明要求，明确提出五方面的信息化管控基础要求。在保险服务领域，保险专业中介机构被赋予明确的主体责任，即负责从业人员的合规管理和风险防控工作。因此，这些机构须具备坚实的信息系统基础，须紧密结合自身的经营发展需求、技术实力和风险控制能力，积极采用科技手段来提供保险服务，以推动业务活动的数字化升级。通过制定并遵循标准化、规范化的作业流程，这些机构能够更有效地控制业务活动风险，从而不断巩固并加强其信息化管控的基础。二是划重点，须聚焦于保险从业人员合规管理的十个核心方面，敦促保险专业中介机构不断提高从业人员管理和业务运营管理的数字化程度，将前沿的信息化技术融入销售从业人员的招募、入职、在职直至离职的每一个环节，以实现合规性的全方位、高标准监控与管理。三是防风险，针对风险防范工作，详尽地识别和整理保险从业人员可能遭遇的五大核心风险点。为了实现对这些风险的有效控制，机构需聚焦于风险防控的核心要点，为信息化系统的升级与改造明确方向。在此基础上，构建完善的风险防控模型工具，并建立健全风险控制体系，以应对各类潜在风险。特别地，针对当前较为突出的代理退保等问题，机构应制定并实施具体、可行的防控策略。此外，保险专业中介机构还需加强对从业人员的管理与培训，以不断提升整体的风险防控能力，确保保险业务的稳健、安全运行。

4.6.2　全生命周期监管，让数据"多跑路"

以住房城乡建设行业为例，北京市率先推出了住房城乡建设行业执业人员注册监管系统，对住房城乡建设行业执业人员实施了全生命周期的精准监管。该系统的投入使用，不仅将直接造福于北京市内超过 8 000 家的建设工程企业，同时也为超过 10 万名的注册执业人员提供了一个更加规范、高效的管理与服务平台。北京市遵循"简政放权、轻审批重监管"的新型行业监管理念，以现有行政信息资源为基础，整合共享多数据源，推出系列便民利企措施。登录系统后，企业只需输入人员姓名及身份证号码，系统即刻自动检索并呈现该人员的学历、执业资格等详细信息，为企业大幅减少了数据填报的工作量，还有效降低了纸质材料的申报需求，全面实现了审批流程的电子化；预审前置介入功能，有效杜绝了企业及注册人员弄虚作假行为的发生，使企业申报更加便捷，审批流程更加人性化，办事过程更加透明化。

4.6.3　监管场景与人工智能深度融合，对服务行为实时预警

以高端医疗服务行业为例，深圳市推出人工智能与卫

生监督执法场景深度融合、基于全市统一构建的"一人一档"医师护士人像库，成功构建起一套高端医疗服务人脸识别监管系统。该系统具备非现场快速核查医护工作者在岗状况、执业资质以及依法执业行为的能力，实现了对关键诊疗流程中医护专业行为的非现场实时监察与管理，并对医疗机构及医护人员违法违规执业行为进行预警。目前，该系统已在市属医疗机构及部分区医疗机构开展试点，覆盖超过 200 家医疗机构，累计采集抓拍人脸数据超过 200 万张，累计预警超过 100 次。

4.6.4　以科技手段打造监管创新，从监管技术上做到监管的全覆盖

在金融行业，深圳支持金融监管机构运用科技手段创新监管模式，整合优化地方金融风险监管预警系统等平台功能，鼓励金融机构独立或与科技企业合作开发合规科技平台设施，提高合规管理自动化、智能化水平。美国的监管科技技术创新能力突出，更为侧重于研究和跟踪科技底层技术架构，并着重强调趋势前沿追踪。在信息软件服务行业，新加坡和英国借助监管沙盒，在促进技术创新的同时保护隐私，以探索成员国间数据跨境流动的可能性。新加坡对推动数据跨境流动非常重视，不仅在双边和多边协议中积极纳入相关条款，还在特定区域内开展了数据跨境

流动的试点工作。同时，该国也不断探索并借鉴沙盒监管模式，以寻求在数据跨境流动领域中实现更为高效和精准的管理。此外，新加坡还积极参与区域合作机制的建设，致力于在区域内实现数据的自由流动。

4.6.5　利用大数据加强对市场主体的服务和监管

1）改革行政体制，夯实大数据服务和监管的基础条件

第一，推行以流程再造为诉求的行政体制改革。在步入大数据时代前夕，美国等发达国家普遍已经历了以流程优化为核心目标的行政体制改革，不仅为大数据的深入应用提供了有力支持，更为其高效管理构筑了稳固的治理基石。这样做是为了"挑战那些建立官僚机制的重要观念，从根本上对整个体系进行重新设计，围绕过程和结果，而不是职能或者部门展开工作"。这为发达国家在当前大数据治理领域的进一步推进奠定了坚实的行政基础。

第二，积极推进政府信息的公开与透明化。美国前总统奥巴马曾指出，大数据最核心的理念就是要建设开放的政府，这是大数据对于政府最核心的价值。奥巴马为了最大化政府在大数据时代的效能，特别签署了政府信息开放令，明确要求大部分联邦机构必须公开其持有的数据资源，涵盖医疗、教育、能源、公共安全等多个关键领域，使公众得以"容易发现、获取并使用"数据资源。

2）完善数据管理政策，提高大数据服务与监管水平

美国管理和预算办公室在指导政府机构网站信息管理的同时，特别注重其服务性，力求在管理中融入服务理念。

第一，确立政策法规及标准。不局限于直接提供数据服务，而是更侧重于制定标准等间接服务，以构建更完善的数据生态。一是强制政府机构对全部在线应用实施标准化的风险评估；二是推动政府机构执行一系列与个人及商业信息保护紧密相关的举措；三是推出一系列旨在优化信息获取和传播的政策工具。

第二，整合数据源。在数据管理政策的实施过程中，整合多源头和跨部门的数据成为一个至关重要的步骤。这些数据广泛流动于政府、私营部门、公共事业公司、各类设备以及个人之间，为保障它们的兼容性、命名规则的统一以及组织架构的清晰，需要采纳并坚决遵循一套标准化的数据管理规范与操作准则。这样的数据整合工作，对于提升数据的全面利用价值和实现高效管理具有不可或缺的重要性。

3）创新监管技术创新，建立数字化监管和服务平台

第一，充分利用互联网技术推动监管技术的创新。这种创新对于显著提高服务贸易的通关效率至关重要。以新

加坡为例，其国际货物和服务的通关流程已经通过 TradeNet 贸易网络系统得到了极大的优化。申请人只需通过该系统提交申请，便能在 15 分钟内快速完成整个通关程序，极大地缩短了通关时间。

第二，建立跨境贸易一站式平台。借鉴新加坡跨境贸易一站式平台，探索建立统一的市场监管大数据平台，利用数字化创新满足市场主体投资贸易自由化便利化的需求，切实打通市场监管的"最后一公里"。

第三，打造风险预警和监管平台。青岛西海岸新区以创新为引领，成功搭建起风险预警、"双随机"监管和信用公示"三大平台"，显著推动了市场监管模式的升级，实现了从传统的"管制"到现代化"治理"的转型。前沿的监控屏幕，基于先进的人工智能机器视觉技术，能够自动捕捉异常情况，并通过数字化、智慧化的手段进行风险预警，实现了从被动应对到主动预见的跨越式转变，大幅提升了监管工作的效率。特别是风险预警平台，不仅建立了市场监管风险识别、预警、处置的完善机制，而且让学校、养老机构等食堂通过"明厨亮灶"和"视频亮化"措施，实现了全方位的实时监控。

第 5 章

高水平服务业未来发展的新战略

在中国经济转型升级的紧要关头，中国高水平服务业的未来发展被提升至前所未有的战略层面，承载着深远的时代意义。面对全球服务业竞争格局的重塑与数字经济浪潮的强劲冲击，中国正以前瞻性的视野，积极策划并推进一系列创新发展战略，旨在引领服务业向高端化、智能化、绿色化及国际化的全新高度迈进。

实现这一目标，是一项复杂而系统的工程，它要求我们在紧密跟踪全球服务业最新发展趋势的同时，深入洞察国内市场需求的微妙变化。在此基础上，我们必须精准识别服务业发展的当前瓶颈与未来潜力所在，明确推动其向高水平迈进的关键突破口。明确突破口，即是要深刻剖析服务业现状，精准把脉制约其高质量发展的根本性问题。而提出针对性措施，则是基于这一深刻洞察，设计并实施一系列既具操作性又富有前瞻性与实效性的政策与战略，旨在有效破解发展难题，为服务业的飞跃式发展注入强劲动力。通过这一系列精准施策，我们有信心推动中国服务业实现质的飞跃，为全球服务业的繁荣与发展贡献更加显著的"中国力量"。

5.1　高水平服务业迈向全球顶尖的总体思路

（1）敢作为：鼓励在高水平服务业制度领域先行先试，敢为、敢闯、敢干、敢首创，提升制度集成创新能力，全面深化改革。

（2）优环境：营造符合高水平服务业发展的市场化、法治化、国际化的国际一流营商环境，提高政府服务能级，打造符合高水平服务业发展的人才、税收、法律和数字化环境。

（3）扩开放：以开放引领高水平服务业的发展，扩大服务业领域范围，利用"服务业开放试点"进一步先行先试，逐步探索教育、医疗、航运、金融、数字等领域的对外开放。

（4）拓空间：以我国长三角、京津冀、粤港澳等区域一体化为先机，进一步拓展我国高水平服务业发展空间，实现区域高水平协同发展。

（5）提价值：全面打造我国高水平服务业领域的国际竞争力，更好地赋能现代化产业体系，提高产业链价值链能级。

5.2 聚焦"广开放"以推进更高水平的开放

第一，加大服务业扩大开放综合试点示范先行先试力度，推动关键领域更高水平服务业开放。加快推动我国服务业在更广泛的领域和更深的层次上实现开放，聚焦服务业的关键领域和薄弱环节，进一步加大服务业的开放范围和力度，特别是在金融服务、科技研发和商务服务等关键领域，需要实施更高水平的开放策略。启动"全球服务商计划"，力求在外资市场准入、跨境资金融通、国际人才流动、国际市场开拓等方面取得体制机制突破。如深化中国邮轮旅游发展示范区建设，推动国内首个面积最大的邮轮港进境免税店建设，进一步扩大免税店的商品种类，提升吸引力，将其打造成全国邮轮港进境免税店的示范样板。再如，在航运领域，依托上海临港新片区政策优势，吸引境外知名海事仲裁及争议解决机构落户，推动与国际通行规则相衔接的制度体系更加成熟。在吸引船舶入籍和公司注册方面，持续加大政策支持力度。

第二，服务业标准的设计要与国际同行业标准有机衔接，建立符合我国高水平服务业发展定位的国际标准落地方案。借鉴美国、欧盟、日本、新加坡等发达国家和地区高水平服务业行业管理标准的经验，重点加强在医疗健康、养老、教育、旅游、文化、数据、金融等领域的监管标准建设，逐步建立与国际接轨的服务业标准。如引导跨境数据安全有序流动，更好地服务于数字经济发展和外资企业国际化业务。放松对低风险跨境数据流动的严格审查和限制，尽量开放国内非敏感数据，减少对数据跨境传输的限制，让离岸的数据或全世界的数据能够流进来并便利化地流出去，以利于外资企业实现更高程度的数字化和智能化。

第三，打造更高水平的开放平台。以中国国际进口博览会、国家进口贸易促进创新示范区、上海自贸试验区版权服务中心、中国（浦东）知识产权保护中心等为重点，构建多元化的开放平台。抓住进博会契机，线上整合专业展示交易平台，构建中国进口商品的云端平台。增强虹桥国际经济论坛的全球对话功能，提高其全球关注度和影响力，引导全球舆论和行业发展趋势。

第四，加大先行先试力度，尽快推出新一轮重大开放举措。积极探索境内外联动机制，打造优质数字服务平台，深入研究跨境数据分类监管制度，试点实施特殊的双边数据传输协议，推动跨境数据传输监管的创新。主动对标 CPTPP 先行先试，拓展跨境服务贸易的非商业存在领域，在跨境电商、跨国法律服务等领域率先开展试点工作，为国家层面扩大开放提供参考。同时，要积极争取国家部委支持，以突破政策限制并实现先试先行，构筑有利于商业创新发展的制度环境，实行包容审慎的监管策略。探索建立商业领域负面清单管理模式，全面推广"企业告知承诺""事中事后监管"方式，将监管重心从商品管理转向强化市场主体责任。加强各部门之间的协调与联动，建立跨部门抽检信息共享机制，加强商务部门与口岸、海关、工商、质检等部门联动，形成高效的政府部门服务合力。

同时，进一步发挥好临港新片区、中国邮轮旅游发展示范区、张江、虹桥商务区等重点区域在医药、航运、会展、科创等领域的先行先试作用，不断进行政策和制度创新，探索新兴服务业态新标准。探索建立"服务行业特殊监管区"，加强监管政策先行先试和制度创新，先行优化对医疗、航运等部分领域的监管标准。例如，在航运行业，全面推进中国邮轮旅游发展示范区的监管制度先行先试，允许国际邮轮公司经营以邮轮为目的地的中国公民出境游。再如，在生物医药行业，允许在海外已获批准的药品与医疗器械在特定区域内先行先试，以及针对基因产品，在特定区域内实施豁免政策，以此作为推动行业进步与探索的试验田。同时，建立创新药的免除机制，新批的创新药不计在 DRG、DIP 系统里，单独计费。在国家集中采购方案中应适当加入高端自费药品。

第五，要加强国际科技创新合作与交流。应积极主动与全球服务业领域重要机构和国际组织开展合作与交流，共享高水平服务业发展的资源和经验。加快吸引全球一流的顶尖人才、机构和企业集聚，对于顶尖人才、顶尖机构和顶尖企业要有制度突破，争取做到"要什么"就能"试什么"，从而带动中国高水平服务业开放发展。加强与其他国家和地区的科技合作，促进人才流动和高水平成果共享，提升中国在全球科技创新舞台的话语权和影响力。以更加开放的姿态拥抱全球的各类知识和资源，强化中国全球服务业网络的中心节点地位，成为全球一流人才、企业和机构的集聚高地。

5.3 聚焦"强引领"以打造具有世界影响力的龙头企业

第一，努力成为全球高端要素市场的高能级枢纽。一是提升高端要素市场的国际影响力，争取全球性的定价权和话语权。城市能级水平高低的关键在于其是否能够成为全球城市网络体系中经济、金融、贸易和国际交往的核心节点，在处理全球经济事务中取得主导定价权和话语权。要在人民币交易结算定价方面实现创新突破，构建国内外投资者共同参与的国际化多层次金融市场体系，逐渐成为人民币金融产品的交易、定价和信息中心。

二是深化以集聚跨国企业全球性总部与结算中心为目标的总部经济建设。当前，我国吸引的跨国公司能级还不够高，还需要提高投资便利度，降低投资准入门槛，集中跨国公司投资功能，成为全球范围内外资投资性公司设立的首选之地；提高资金使用自由度和便利度，便于公司总部跨境资金管理，便利外籍员工合法收入结算；简化贸易和物流流程，支持总部企业开展离岸业务；加强总部功能配套，发展国际教育和医疗，做好安商、留商、富商、稳商工作，营造有利于跨国公司全球总部发展的国际一流营商环境。

三是积极培育高端生产性服务业，扩大服务全球市场的范围并提升服务能级。高端生产性服务业作为现代产业的高端形态，是全球资本服务中心的关键产业。应进一步加大对会计、广告、银行、保险、法律和管理咨询等先进生产性服务企业总部的吸引力度，以总部为"磁极"，汇聚全球的生产资源、劳动力、资本，并通过总部的协调与规划，实现资源的优化配置、战略指导，进而促进城市间的信息流通、知识创新以及战略决策的协同发展。

第二，打造范围更广、影响力更强的龙头企业。首先，坚定实施"走出去"战略，积极培育本土的跨国公司与全球性企业，提升要素与资源的输出能力，弥补经济高质量发展在要素集聚与扩散方面的失衡，强化经济体系的回路性功能。同时，要提升对"内资总部"的重视程度，通过政策支持和服务优化，发挥更大的引领作用。其次，不仅要大量吸引境外总部入驻，以避免国内企业融资机会外溢，还要加快构建更高能级的产业体系，增强整个现代产业体系的国际竞争力和区域辐射力。以巩固提升实体经济能级为基础，积极发展并吸引高水平服务业领域的世界一流企业、"独角兽"企业、"隐形冠军"和"专精特新"等卓越制造企业群体，增强对全球创新活动和产业价值链的主导性和掌控力。三是聚焦服务业新赛道细分领域和关键环节，培育一批"单项冠军"和"配套专家"。围绕技术导向强、进入门槛高的产业新赛道，对于卫星互联网、细胞和基因治疗、无人机等细分领域，以及减速器、伺服机、AI无线通信等关键环节，探索给予更多高成长型中小企业奖补政策，如"升规""入规"扶持、高企认定扶持等，支持企业做大做强，成长为具有控制力和话语权的

"单项冠军"和"配套专家"。

第三，以培育新消费、推动消费全面升级为着力点，以消费链引领产品链、服务链，融合产业链，拓展价值链，优化体验链。一是扩大中高端消费品供给。鼓励新兴商业模式的发展，特别是跨境电商、进口直销中心、国别中心等新业态的发展，以此拓宽中高端消费品进口渠道，丰富国内消费市场的供给，激发市场竞争活力，推动国内制造业加速转型升级，鼓励产品和服务创新，培育和发展具有自主品牌的消费品。紧跟消费趋势的变化，着重关注年轻时尚消费群体的需求。通过推广消费体验、个性化设计、柔性制造等方式，满足其多元化需求，培育和发展新兴消费品产业。二是鼓励新零售业态和模式。为了满足消费者日益增长的全方位、多层次需求，要进一步推动商业企业线上线下结合，应用各种新型营销策略和手段，重点引进和培育商业领域体验型、服务型、智能型业态，推动传统商业与互联网的深度融合，实现线上销售、线下体验与供应链管理的有机结合。通过将门店、社区、商圈与会员紧密相连，构建成全渠道商业生态圈。推动实体商业跨界融合，以虹桥商圈和迪士尼国际旅游度假商圈为代表，促进商业、旅游、文化、艺术、体育与会展的深度融合，为消费者提供更加丰富多元的消费体验。三是促进消费领域互动融合和创新发展。结合信息化、绿色化、智能化、高端化、服务化等消费发展新趋势，深度促进消费产品及服务的差异化、个性化、定制化。强化商品消费和服务消费间的融合互动，促进旅游、文化、购物、娱乐、健康、餐饮等行业之间的集聚和一体化发展，打造多样化消费共同发展的良好生态。

5.4　聚焦"高融合"以强化高水平服务业与高端制造业深度融合

第一，加快培育经济发展新动能，强化服务业与制造业融合。当前，我国正面临产业结构新旧动能转换过程中的"阵痛期"，为了推动经济迈向高质量发展，核心动力在于加快培育新的经济发展动能。应减少对服务业比重的过度关注，转而强化服务业与制造业的深度融合，注重提升全球城市所聚焦的核心、上游、高端产业（如金融、科技、高端制造等）的规模和竞争力，以提升这些产业在全球的首位度。

第二，抢占数字信息化时代新一轮产业革命制高点。以新一代信息技术与制造技术深度融合为引领的智能制造模式，给制造业带来了新一轮变革浪潮。数字化、虚拟化、智能化技术将全面渗透产品的整个生命周期，推动制造模式向柔性化、网络化、个性化转变。全球化、服务化和平台化将成为产业组织的新方式，网络化协同制造、个性化定制以及服务型制造等新模式和新业态持续涌现。应抓住机遇，推进经济全面数字化转型，优化产业结构，革新生产模式，实现服务业的转型升级。

第三，搭建高水平服务业与高端制造业融合平台，支撑要素共享流动。一是建立区域两业融合促进联盟，吸纳企业、高校、科研机构、智库等多方力量参与，支持建立一种规范且灵活的联盟模式，对产业关键资源进行整合，对外提供一体化、定制化的系统性解决方案。二是打造制造业创新中心，依托制造业创新中心加快对全国相关领域的产业资源整合，突破产业发展前沿技术和共性关键技术，促进技术成果的转移扩散和商业化应用，实现核心技术突破。三是推进大型平台技术资源整合，引入国家工业互联网平台应用创新体验中心优质资源，打造工业互联网产业化基地，以数字化赋能全区制造业动能转换、产业升级，提升产品质量和核心竞争力，推动制造业加速向数字化、网络化、智能化方向转型升级。

第四，丰富新一代信息技术与实体产业融合的新场景。加快推进区块链、元宇宙、智能机器人等重大应用场景的建设，选择一批大企业、大机构打造新技术示范应用场景。围绕国家战略任务和重大场景科学布局科技创新和产业创新，构建场景驱动科技成果向新质生产力转化的方式。以新技术的场景化快速应用有效破解产业和产业链发展的痛点和难点问题。例如，围绕人工智能场景应用，始终关注前沿领域，加速人工智能等核心技术的研发和创新，同步推进科技创新与产业变革。

5.5　聚焦"促创新"以实现高水平服务业从高水平向高价值进阶

第一，培育具有全球影响力的创新型领军企业，提高全球科创中心显示度。一方面，选择关键新兴产业领域，精准支持有成为领军企业潜力、以全球为市场、有全球化战略和创新能力的一流企业，整合开放更多资源，在政策、资源、服务等方面予以倾斜。另一方面，围绕我国产业优势领域，出台对重点产业企业在重大项目、重大节点上给予快速推进的便利措施，在税收优惠、人才使用方面出台专门政策，帮助企业快速成长为领军企业。同时，要重塑城市文化，培育商业冒险精神。注重激发民营企业的创新活力。加快培育像华为、腾讯、大疆、海康威视、科大讯飞那样具有国际化视野和强大创新能力的本土科技企业。

第二，支持组建新型创新联合体，完善创新联合体相关政策。一方面，根据关键核心技术具有高复杂性、高投入和高风险等特征，有效整合和优化研发力量，从而组建更加高效的创新联合体，集中攻坚共性技术难题，实现创新突破，让创新联合体成为引领关键核心技术的重要力量。另一方面，推动领军企业优势资源向中小企业有序、友善地开放，引导上下游关联中小企业快速向领军企业集聚，在市场规则下协同创新，形成全产业链协同、全供应链融通的完整产业生态体系。一是推动领军企业牵头建立产业联盟（领军企业为龙头，上下游中小企业为成员）；二是推动领军企业围绕项目建设创新平台，这些平台既可以服务于中小企业，又可以对社会开放，提供支持；三是推动领军企业通过重大项目，带动中小企业进入产业链；四是创造条件促使中小企业"挂靠"领军大企业共同走出去参与国际竞争，实现互利共赢。

第三，更加注重强链补链，增强产业链的韧性和弹性。一方面，三大产业重在补链，着力打造完整产业链。集成电路产业加快突破高端芯片、关键配套器件、先进制造工艺、关键装备和材料等"卡脖子"环节，生物医药产业加快突破创新药应用环节，人工智能产业加快突破基础理论、算力、算法等底层架构环节。另一方面，重点产业要重在强链，着力强化与经济高质量发展功能相适合的核心关键环节。汽车产业着力强化新能源化、智能化，电子信息产业着力强化智能终端环节，生命健康产业着力强化数字医疗、创新产品入院，高端装备产业着力强化关键零部件和重大战略装备环节等，先进材料产业着力强化其中面向其他五大产业的新材料环节，时尚消费品产业着力强化具有高品牌知名度和高附加值的产品环节。

第四，打造富有韧性的创新生态系统。充分发挥市场对创新资源的基础配置作用，让市场机制成为优化创新资源配置的"市法师"。发挥企业在科技创新中的主体作用，政府应该把更多资源和精力集中于优化企业创新环境和生态系统建设上，确保各项创新政策得到有效执行，为企业提供全方位的创新支持服务，塑造开放包容的创新文化，实施多层次的企业集群培育计划，构建一个富有韧性的创新生态系统。尤其对于民营企业，要给信心、重市场、扩消费、强企业、促发展。要切实保护民营企业的产权与利益，确保促进民营经济发展的各项政策措施得到有效落实，并不断完善具有中国特色的现代企业制度。在此基础上，努力将民营企业培育成为世界一流企业体系当中重要的、积极的、活跃的经济的力量。

第五，研判可能形成新质生产力的重点技术和技术群，围绕人工智能、量子科技、生物技术、先进能源等科技前沿突破方向进行研究。加强面向国家战略需求的基础前沿和高技术研究。加快在新型储能、高级别自动驾驶、生物制造、合成生物学、脑机接口等领域的研究，深化在区块链、元宇宙、人形机器人、量子科技、6G 技术等新一代技术领域的科技布局。还要准确把握新一轮全球科技革命趋势，准确把握科技进步"弱信号"，以实现颠覆性技术的早期识别，将"弱信号"转变为"强信号"，捕捉产业发展新机会，掌控创新链和产业链的关键环节，抢占未来科技和产业竞争的制高点。

第六，要促进科技与金融结合，为高水平服务业创新发展提供"金融动力"。要构建同科技创新相适应的科技金融机制，坚持"长期主义"，鼓励长期资本、耐心资本等投早、投小、投长期、投硬科技。重点探索进一步完善科创板"注册制"政策，简化政府监管流程，能够真正为科技企业提供融资支持。鼓励银行等金融部门建立技术抵押品的机制，对创新企业的创新能力、发展前景等进行评估，让金融机构对创新企业能贷、敢贷、愿贷。同时，要充分发挥政府财政资金的引导，撬动社会资金，吸引社会资本组建各类投资基金。推动各类政府产业投资基金以一定比例支持前沿技术和未来产业，形成覆盖科技型中小微企业从种子期、初创期、成长期到成熟期的梯形投资体系。还要注重风险共担、利益共享，强化"长期资本、耐心资本"支持，引导各类资本对科技创新实现长周期、有耐心、不间断支持。鼓励国资基金及产业资本发挥投资补位功能，支持国资创投构建容错机制，在前沿创新赛道更好地扮演"长期资本、耐心资本"角色。

5.6　聚焦"更集聚"以加快抢占产业链价值链制高点

第一，围绕我国现代产业体系，凸显核心产业优势，聚焦集成电路、生物医药、人工智能、新能源、物联网等关键领域，形成高水平服务业集聚平台，打造一批特色鲜明、业态高端、能级突出、功能集成的高水平服务业集聚区和产业园区，成为推动服务经济发展的新引擎和服务业高质量发展的新高地和亮点。在此基础上，重视集成电路、生物医药、人工智能三大先导产业，以它们为引领，积极布局并抢占元宇宙、绿色低碳、智能终端、数字经济四大"新赛道"，瞄准未来健康、未来智能、未来能源、未来空间和未来材料五大未来产业方向，为未来产业布局和经济发展打下坚实基础。

第二，让高水平服务业更好地服务于高端制造业，打造具有国际竞争力的高端产业集群。继续强化高水平服务品牌，进一步激发服务业新势能，以更好地支持中国制造。发展服务业需聚焦高端功能，提升产业链和价值链位势；要增强专业服务业能级，扩大辐射范围，大力发展处于城市服务供应链高端环节的专业服务业；还要鼓励本土企业向海外投资布局，增强全球资源配置能力。

5.7　聚焦"抢人才"以具有国际竞争力的制度优势吸引高层次人才

第一，以"个税＋融资＋团队"政策体系为海外人才提供全方位支持。一是设计对标国际、具有吸引力的海外人才个税政策。如在税收方面，从欧美发达国家等引进的海外高端人才普遍反映我国内地个人所得税税负较高，工资水平与我国香港地区相当而实际收入较少，缺乏竞争力。这降低了我国内地的聚才吸引力和留才竞争力。建议借鉴并推广我国香港地区、粤港澳大湾区（前海妈湾）和海南自由贸易港对境外以及关键产业领域的高端人才个人所得税实际税负超过15％的部分均予以免征，或通过地方财政全额补贴的政策。开辟无须依托承担单位（"受雇限制"）来申请基金项目、人才计划的全球人才引进绿色通道。允许海外人才回国前提交基金项目、人才计划申请，并即时发放。个税政策将精细化为梯度增长，以减轻其来沪初期的纳税压力，同时取消海外创业人才落户社保缴纳期限。二是政府部门或国有企业引导民间资金，共同构建针对重点产业和前沿技术领域海外人才的风险投资基金体系，为海外人才提供"技术转移转化—科技创业—创业融资"的全方位创新创业服务和技术转移（交易）服务。三是以顶尖科学家实验室、高端人才工作室的形式，实现海外领军人才的团体式引进，并提供包括落户支持在内的全面团队支持。四是要不断创新方式，关注目前在校就读的学生，储备更多的青年科技型人才力量。充分利用"裁员潮"背景下，部分海外侨胞和留学生愿意回国的机遇，加大对海外青年科技人才的吸引力，加速引进海外青年科技人才回国发展的步伐。

第二，依托创新创业型国际人才社区集群，打造高品质人才生态系统。一是依托高科技产业园区，以重大科技基础设施集群、重大科技专项项目集群、高能级创新平台等产业平台为核心，配备中小学教育资源和国际医院医疗资源，构建面向海外人才的高品质人才生态系统，形成高科技产业园区、人才政策试验区、数字智慧城区、多元包容文化街区、宜居利业社区一体化发展，形成对全球人才的"磁吸效应"。二是建立全球人才创新创业合作网络和全球技术转移交易网络。围绕集成电路、人工智能、生物医药等领域的产业链和创新链，构建多类别、多层次的全球人才创新创业合作网络和全球技术转移（交易）网络，包括技术研发联盟、高端集成孵化平台、投融资沟通平台、跨国风险投资体系、全球实验室数据库等。三是针对海外中高端人才及团队成员，在教育和医疗资源分配方面，实施教育资源与医疗资源的"租售同权"制度，并与国际医疗保险结算体系对接，优化国际医疗保险结算服务。

第三，加大人才资源集聚力度，提供国际一流的制度环境和人才环境。一是大力集聚"高精尖缺"人才，加快吸引和培育全球科技创新人才。实施更加积极、开放、有效的人才政策，加快建设吸引集聚人才的平台，依托跨国公司，鼓励区域内优秀高科技跨国企业在全球友好城市建设海外研发中心和海外人才基站，大力布局海外人才引智站点。大力吸引海外高科技跨国企业前来设立创新中心。想尽一切办法、用尽一切资源来加强高水平人才的交流，加强高科技项目的交流，通过各种资金的支持，提升中国对海外高层次人才的吸引力。把握吸引国际高层次人才的

"窗口期"，进一步关注德国、俄罗斯、新加坡等在科技上有比较优势且对华友好的国家与"一带一路"沿线，加强高层次海外人才引进。二是打造有利于吸引全球高端人才的制度环境。建立完善透明的人才引进法规体系，发展国际人才中介机构，积极发挥中介组织和用人单位的主体作用。三是建立符合高水平服务业发展趋势的高端人才培养和发展体制。坚持服务国家战略需求，以创新性、前沿性、关键性的高水平服务业发展领域为目标，鼓励高等院校进行学科改革、课程创新和师资培养，培养优秀创新人才，建立高水平服务业发展人才库。促进高等院校、用人单位和政府之间的紧密合作，鼓励人才流动。同时，搭建国际交流平台，拓展本土人才的国际化视野。四是以知识产权服务保障海外人才安全流动。对标国际最高标准的经贸规则，以最高水平建立知识产权保护制度，以最大力度实施知识产权侵权惩罚性赔偿制度。对标国外最新法律条款与规定要求，围绕海外人才的专利权归属、职务发明成果方面的制度规则，审慎操作海外人才引进过程中的成果使用，以规避国际知识产权纠纷。五是积极推进建设具备海外氛围、多元文化、创新事业、宜居生活和服务保障特征的人才社区。六是支持外商投资企业在先进制造、现代服务、数字经济等领域与各类职业院校（包括技工院校）

和职业培训机构开展职业教育和培训。

第四，为青年人才创造更多用武之地。要在世界范围内建立潜在青年高端人才数据库。建议加快建立并完善国际人才数据库和中国人才大数据库，例如，利用好包括《自然》（Nature）、《科学》（Science）、《细胞》（Cell）在内的全球顶级学术期刊，建立青年人才数据库。通过采集、存储分析人才成长过程中的相关信息，结构化构建青年人才成长档案数据库，从而为政府、企业和高校等提供精准的人才培育政策和引进计划。同时，要多元化设计青年人才支持体系，加大对本土博士后和海外来华博士后的支持力度，关注全球顶尖科学家的"徒子徒孙"，将人才竞争节点从知名科学家前移至优秀博士生和博士后。还要敢于给优秀青年人才压担子，选用优秀青年人才承担重大任务。如支持青年人才勇闯"从0到1"的无人区，遴选一批原始创新项目试行"5年＋5年"长时段支持模式，让青年人才能够实现长时间可持续的研究。

5.8　聚焦"优环境"以塑造企业自动冒出来的产业生态

第一，以政策创新引领发展，政策制定要坚持"政策制定导向正确"，进一步优化和完善高水平服务业的顶层设计，构建更加合理、科学、现代化的政策体系。一方面，要着力增强现行制度设计与高水平服务业的匹配程度，适应高水平服务业发展出现的新技术、新形势、新问题。另一方面，要始终坚持"服务至上"，推动市场和企业健康有序发展，形成企业良好发展的生态。要更好地平衡"权"与"法"的关系。在改革进入"深水区"的当前，要更好地明确政府"需不需要管"，要"管什么"，如何"管好"，更好地明确监管的对象范畴，这是提升和改善营商环境的重要前提。服务业的管理要把重心从"入口"监管转移到服务过程和服务质量上来，对于高水平服务业实现全过程的动态监管。同时，要进一步加强政策的执行力，提高市场主体的政策"获得感"，让企业真正能够感知、享受到政策的优惠。

第二，标准的设计要更加科学，突出行业的差异性。监管标准既要关注硬指标、量化指标，更要关注软指标、定性指标。一是要告诉企业"怎么做得好"，而不是仅监管企业"哪些不能做"。要实现高水平服务业监管的标准化，比如养老服务行业的监管标准要考虑服务过程、服务质量、服务满意度等定性"加分"指标，引导养老服务行业更加规范化、科学化。二是要实现分行业、分层次、分阶段的精准治理、靶向监管。对不同类型、不同技术经济特征的平台，尝试探索分类建立引导机制。对不同阶段的高水平服务业企业实现分阶段监管：对培育期的企业，政府要能"放得开"；对发展期的企业，政府要让企业"活起来"；对成熟期的企业，政府要能"管得住"。对于关键产业发展，要能占据全球制高点。如对于高水平的国际邮轮航运服务业等领域，涉及的监管政策、监管部门较多，在全球复苏的形势下，"一事一议的 VIP 监管"模式能促进国际邮轮行业的复航。针对集成电路行业，可采用"保税监管"等模式，实现从急需的进口设备或原材料到目的地企业的"一体化"监管，并实行个性化服务，全力支持集成电路产业发展。三是标准制定要多方参与，公开透明，同时要合规指引，加强宣传和培训。建议通过政府购买服务方式，对市场主体开展系统性培训，组织编写行业典型案例库，增加政策法规的宣传力度和示范力度。同时，通过政府网站、行业协会以及移动互联网等多平台广泛推送政策标准信息。通过一对一、点对点、网连网的方式，将政府管理标准、激励措施等及时传送到企业，提高监管标准的透明度。

第三，聚焦打造热带雨林式创新环境，更加注重引导高效竞争，塑造高水平服务业企业自动"冒出来"的产业生态。

一是加强高水平服务业创新要素市场化配置，高效整合各类创新资金，提供高质量的应用场景，以实现高效竞争，推动人才、资金、数据等要素的活跃竞争，系统推进高水平服务业产业新赛道集群的形成和发展，保持产业新赛道持续发展生命力。例如，就高水平服务业的数字化发展来说，要加快市场化配置探索，促进数据要素有序流通。支持上海浦东新区在立法和制度创新方面进行探索，促进数据资源共享、数据交易、数据开发利用，为新赛道产业发展提供有力的数据支持。

二是积极引导各类创新资金高效联动，促进"科技—服务业—金融"协同作用，充分发挥金融支持产业发展作用，为企业创新型投资提供有力支持。如保险业可发挥自身优势，创新开发产品与服务，为服务业创新发展提供保障，为企业提供知识产权保险类、创新融资保险类等产品。同时，强调共担风险、共享利益，强化"耐心资本"支持。鼓励各类资本为服务业科技创新提供长周期、有耐心、持续的支持。支持股权投资机构在早期、小额和科技领域进行投资，增加对种子期和初创期高水平服务业科技创新的投资力度。

三是着力打造高质量、高水平服务业应用场景，构建服务业协同发展的有机生态系统。加大政府采购力度，进一步细化采购领域和条件、报价优惠等举措。优化公平选取规则，例如，扩大手术机器人纳入医保范围，采取向用户而非设备制造企业提供补贴的政策，通过产业政策引导市场，发挥市场竞争机制作用。同时，要着重培育市场、创造需求，将大型城市商业场景丰富的中心城区打造成服务业发展首发地、体验地、引领地。

第四，以协同促高效，打通数据壁垒，提高跨部门、跨区域的协同治理效能。

一是打破数据壁垒，构建跨部门、跨区域的信息共享平台，实现政府部门的数据共享和管理协同。要统一各个政府部门数据采集标准和数据保存格式，实现数据收集的标准化与程序化。消除各部门之间的数据壁垒，促进数据流通，提升政府效率。建立跨部门、跨区域的信息共享平台，提高监管的有效性。同时，要实现不同部门间的信息共享，打通沟通渠道，构建横向、纵向数据对接网络，简化工作流程，提高信息沟通效率和部门间协同合作。

二是建立跨区域协同或跨部门协同的制度体系。在长三角、京津冀、粤港澳协同监管制度的基础上，建立更广范围的协同监管体系。同时，要缩小不同地区之间在政策执行方面的差异，利用"互联网＋监管"的智慧监管手段，围绕信用监管、绿色认证和知识产权等不同领域，统筹制定跨场景联合监管计划，实施联合执法。

三是增强企业创新的稳定预期，破解地方政策"踩油门""踩刹车"并存的现象，加强不同部门的政策协同。健全企业创新融资机制和风险分摊机制，让企业减少后顾之忧，让企业舍得投入、敢于创新。还要正确处理国有企业、外资企业与民营企业的关系。要发挥更大规模民营企业创新活力强的作用，形成市场主体争相创新发展的良好生态。

四是打造开放包容、鼓励创新创造的文化土壤。要加快营造有利于创新产业发展的宽松氛围。对于"四不像"的新业态、新企业给予更为宽松、更为包容的成长空间，对于缺乏现有规范标准的创新探索，构建"可以试""允许干"的氛围。尤其针对人工智能、基因技术、脑机接口、低空开发等新兴领域出现的新情况，要及时出台相应的法律法规。

5.9 聚焦"柔监管"以提高事中事后监管效率

第一，进一步扩大信用监管的应用场景，实现分行业的差异性监管。首先，优化信用信息归集机制，在现有的涉企行政处罚和许可信息公示制度的基础上，进一步拓宽信用信息的公开渠道，以全面归集市场主体的信用信息。

其次，为了强化市场主体的信用监管并推进失信联合惩戒，信用平台需深化与金融机构、协会商会等信用信息平台的合作，实现信息的互动共享，从而为这些工作提供坚实的数据支撑和有力保障。最后，实现分行业的差异性信用监管，逐步健全完善重点行业领域信用分级分类监管机制，依法依规实施信用分级分类监管。提高信用监管的激励力度，使信用好的企业，在政府采购、税收优惠、评优评先等环节能够享受到真正的优惠。逐步探索构建引入市场力量参与联合惩戒机制，例如引入腾讯、阿里等第三方网络服务平台对失信对象的具体行为实施联合惩戒，以提高失信者的违法成本，构建多方共治的信用共享监管管理平台。

第二，法治监管要通过合规指引进一步促进企业依法经营。首先，要制定重点服务行业的合规指引，有序推进前沿产业、高水平金融行业、航运行业、国际贸易等重点服务业产业领域标准化合规指引，促进高水平服务业合规规范化发展。其次，要及时将新出现的市场违法行为纳入监管范围。充分研究区块链、人工智能、大数据等新经济发展的新问题和监管新要求，对新技术、新产业、新业态、新模式实行包容审慎监管。最后，建立市场监管容错机制，优化区域营商环境，为中小企业、新业态和创新型企业提供更宽松的制度环境，同时实施清单动态管理，根据新兴业态和模式的变化，及时调整免罚事项。

第三，智慧监管要实现专业优势与科技赋能跨界融合。首先，加快推进行业数字化、信息化监管。依托信息技术有效加强从业人员合规管理和风险管控，实现全生命周期监管，让数据"多跑路"。以现有行政信息资源为基础，整合共享多数据源。如借鉴深圳、福州等地经验，利用量子云码一物一码技术打造可信追溯体系，利用量子云码溯源码，以码控量形成数据管理。同时，为诚信企业赋能，完成企业、平台、消费者等全流程信息流转与追溯，共建可溯、可信、可追回、可监管的智慧生态。其次，实现监管场景与人工智能深度融合，对服务行为实时预警。利用大数据加强对市场主体的服务和监管。不断进行监管技术创新，建立数字化监管和服务平台。如在金融行业，进一步推动金融科技赋能跨境信贷监管，建立跨境信贷的"监管沙盒"制度，推动新型信息技术在监测预警中的应用。最后，打造公开透明、全阶段、标准化的智慧监管平台，真正有效地利用智慧监管平台。如在医疗监管领域，将模块化的功能性监管延伸到全过程、全方面。

第四，以多主体监管为重点，构建"政府能管好，行业会引导，企业要自律，社会有监督"的良性监管生态系统。

首先，政府监管要不断创新手段，对于高水平服务业能够管得好、放得开，尤其注意监管模式要适应新技术、新业态、新模式，可开展审慎、包容的"沙盒监管"。例如，无人驾驶、元宇宙、区块链、人机互动等新技术带有一定的不确定性，要根据技术和服务发展动态调整事中事后监管手段，能够容得下"天才""怪咖""极客"。调研中，临港创投负责人反映，中国创新企业的收益率已开始低于美国硅谷，大量创新型企业跑到海外，如何培育和监管新兴的 ChatGPT 等新兴技术的服务业企业需要科学设计。同时，政府要大力营造市场化、法治化、国际化的营商环境，着力解决高水平服务业企业的"小问题"，"在细微处入手"，真正破解痛点堵点。用"政府信用"获"企业信心"，加强政策的连续性和稳定性。既要考虑"大而强"，更要关注"小而美"。在抓住"大企业、大项目"的同时，要对广大中小微企业一视同仁，尤其重点关注在国外发展较快的高水平服务业的细分领域，如智慧生活、数字文创、医美、游戏竞技等服务业新赛道。

其次，应充分发挥行业协会在指导和监督方面的作用。在涉及市场主体资格、资质以及行为的标准、认证等监管事务方面，行业协会、商会以及第三方机构应得到充分利用。例如，在评估市场监管对象行为时，可以引入权威的社会组织作为第三方评估机构。行业组织在监管标准制定和监督企业自律方面发挥着重要作用。鼓励商会和行业协会积极参与国家标准、行业规划以及政策法规的制定，支持行业组织依法维权，加强商会和行业协会的综合能力建设，确保其充分发挥第三方监管的作用。如日本的医疗器械行业的认证标准，完全依靠行业协会自我约束、自我管理、共同遵守，而政府没有制定医疗器械的标准。但是，我国当前专业性比较强的行业协会力量还比较薄弱，需要加快培育并加强相关行业专业性人才的引进和培养力度。

再次，要大力鼓励企业制定高标准，以高标准规范企业行为。要设置专门的激励办法，鼓励高水平服务业中处在龙头或领先的企业在标准制定中敢于突破，敢于创新。探索在企业评价或政府扶持的指标体系中增加企业在行业标准引领、制度引领方面贡献的考核。

最后，倡导社会参与监管，支持媒体监督企业违法行为，构建全社会共同参与市场监管的良好氛围。监管部门应及时处置新闻媒体揭露的违法行为，并对改进情况进行督查，实现全社会、全过程、全方位的常态化监管。支持公众利用微信、直播平台等新媒体对高水平服务业市场主体进行监督，以提供更为便捷、畅通、有效的渠道，便于群众举报和投诉违法行为。实现"以网管网、政企互动、全网联动"全方位互联网监管新模式，要着力发现一批、培育一批、引导一批正能量网红、博主参与社会监管。

结　语

　　发展高水平服务业是适应新发展阶段的内在要求，是贯彻新发展理念的重要体现，是构建新发展格局的关键环节，是应对全球变革的必然选择。近年来，我国高水平服务业在发展规模和集聚辐射能力方面已初显成效，但对照未来中国经济高质量发展的目标要求，与服务业全球领先的国家相比，仍存在短板和不足。本书在深入调研我国高水平服务业发展现状的基础上，分析我国高水平服务业发展的短板和不足，剖析最关键的制约因素，并借鉴发达国家经验，研究促进加快我国高水平服务业发展和能级提升的相关建议。这对于引导高水平服务业向专业化和价值链高端延伸，促进高水平服务业向高品质和多样化升级，构建与中国式现代化相适应的服务业新体系具有重要意义。

参考文献

［1］ 蔡潇彬. 社会领域生活性服务业高品质多样化发展研究:基于公共产品理论和治理理论的探讨［J］. 宏观经济研究,2023(01):118－127.

［2］ 陈建军,陈国亮,黄洁. 新经济地理学视角下的生产性服务业集聚及其影响因素研究:来自中国 222 个城市的经验证据［J］. 管理世界,2009(04):83－95.

［3］ 陈磊,杜宝贵. 20 世纪 90 年代以来中央科技服务业政策供给特征研究［J］. 中国科技论坛,2022(12):47－54.

［4］ 程大中. 中国服务业增长的特点、原因及影响:鲍莫尔—富克斯假说及其经验研究［J］. 中国社会科学,2004(02):18－32＋204.

［5］ 程大中. 中国生产性服务业的水平、结构及影响:基于投入—产出法的国际比较研究［J］. 经济研究,2008(01):76－88.

［6］ 杜传忠. 先进制造业与现代服务业深度融合发展的新趋势［J］. 人民论坛,2023(19):54－57.

［7］ 冯鹏飞,申玉铭,许欣. 京津冀生产性服务业与制造业省区间产业关联特征与服务产品流空间格局研究［J］. 地理研究,2024,43(03):718－735.

［8］ 高觉民,李晓慧. 生产性服务业与制造业的互动机理:理论与实

证[J]. 中国工业经济,2011(06):151-160.

[9] 高运胜,刘慧慧,杨晨. 服务业开放如何提升制造业全球价值链嵌入位置? 基于跨国面板数据的实证考察[J]. 世界经济研究,2023(11):43-59+136.

[10] 韩德超,张建华. 中国生产性服务业发展的影响因素研究[J]. 管理科学,2008,21(06):81-87.

[11] 韩峰,洪联英,文映. 生产性服务业集聚推进城市化了吗? [J]. 数量经济技术经济研究,2014,31(12):3-21.

[12] 韩峰,阳立高. 生产性服务业集聚如何影响制造业结构升级?:一个集聚经济与熊彼特内生增长理论的综合框架[J]. 管理世界,2020,36(02):72-94+219.

[13] 贺正楚,蔡湘杰,潘为华. 数字经济、科技服务业的协同发展及区域协同效应[J]. 科研管理,2024,45(03):133-142.

[14] 胡俊,尹靖华,宁愉加. 服务业高质量发展促进了制造业企业高质量发展吗? ——来自服务业综合改革试点的经验证据[J]. 西部论坛,2023,33(06):33-48.

[15] 华而诚. 论服务业在国民经济发展中的战略性地位[J]. 经济研究,2001(12):3-8+91.

[16] 黄维晨,陆铭,王越. 平台与密度的互补:本地即时电商如何赋能城市生活服务业? [J]. 中国软科学,2024(02):74-84.

[17] 江小涓,李辉. 服务业与中国经济:相关性和加快增长的潜力[J]. 经济研究,2004(01):4-15.

[18] 孔庆恺,杨蕙馨,苏慧. 制造业与生产性服务业融合能否缓解资源错配? [J]. 软科学,2024,38(03):21-28.

[19] 李江帆,毕斗斗. 国外生产服务业研究述评[J]. 外国经济与管理,2004(11):16-19+25.

[20] 李俊. 探索服务业高水平制度型开放的现实路径[J]. 人民论坛,2023(19):58-63.

[21] 李平,付一夫,张艳芳. 生产性服务业能成为中国经济高质量增

长新动能吗[J]. 中国工业经济,2017(12):5-21.

[22] 李文秀,胡继明. 中国服务业集聚实证研究及国际比较[J]. 武汉大学学报(哲学社会科学版),2008(02):213-219.

[23] 李文秀,谭力文. 服务业集聚的二维评价模型及实证研究:以美国服务业为例[J]. 中国工业经济,2008(04):55-63.

[24] 李晓嘉. 推动数字经济与现代服务业深度融合[J]. 人民论坛,2024(02):24-27.

[25] 李展,李殷. 服务业劳动生产率增长率低于工业的原因解释[J]. 中国经济问题,2023(05):131-147.

[26] 刘胜,徐榕鑫,陈秀英. 中国服务业综合改革的绿色创新效应[J]. 当代财经,2023(09):111-122.

[27] 刘书瀚,张瑞,刘立霞. 中国生产性服务业和制造业的产业关联分析[J]. 南开经济研究,2010(06):65-74.

[28] 刘玉荣,杨柳,刘志彪. 跨境电子商务与生产性服务业集聚[J]. 世界经济,2023,46(03):63-93.

[29] 吕政,刘勇,王钦. 中国生产性服务业发展的战略选择:基于产业互动的研究视角[J]. 中国工业经济,2006,(08):5-12.

[30] 庞瑞芝,郭慧芳. 数字经济能克服服务业"成本病"吗?——来自城市层面的经验证据[J]. 经济与管理研究,2023,44(10):54-74.

[31] 庞瑞芝,汪青青. 数字化如何缓解服务业结构升级滞后?——基于产业内渗透与产业关联视角[J]. 产业经济研究,2023(06):57-72.

[32] 齐文浩,李飚,邱阳. 服务业开放阻碍制造业就业了吗:基于行业异质性的视角[J]. 中国软科学,2023(12):38-48.

[33] 孙浦阳,侯欣裕,盛斌. 服务业开放、管理效率与企业出口[J]. 经济研究,2018,53(07):136-151.

[34] 谭欣雨. 新形势下上海进一步完善海外人才引进政策研究[J]. 科学发展,2022(8):29-38.

[35] 唐强荣,徐学军,何自力. 生产性服务业与制造业共生发展模型及实证研究[J]. 南开管理评论,2009,12(03):20-26.

[36] 唐晓华,张欣珏,李阳. 中国制造业与生产性服务业动态协调发展实证研究[J]. 经济研究,2018,53(03):79-93.

[37] 滕泽伟. 我国服务业碳排放全要素生产率增长的地区差异、动态演进及影响因素研究[J]. 统计研究,2023,40(10):30-42.

[38] 王冠凤. 长江经济带高端服务业绿色发展研究[J]. 兰州学刊,2024(05):50-61.

[39] 王厚双,李艳秀,朱奕绮. 我国服务业在全球价值链分工中的地位研究[J]. 世界经济研究,2015(08):11-18+127.

[40] 魏江,陶颜,王琳. 知识密集型服务业的概念与分类研究[J]. 中国软科学,2007(01):33-41.

[41] 吴思栩,李杰伟. "数字经济"时代城市的未来:互联网对中国城市生产性服务业集聚的影响研究[J]. 经济学(季刊),2024,24(02):431-447.

[42] 杨仁发,刘纯彬. 生产性服务业与制造业融合背景的产业升级[J]. 改革,2011(01):40-46.

[43] 杨亚琴,王丹. 国际大都市现代服务业集群发展的比较研究:以纽约、伦敦、东京为例的分析[J]. 世界经济研究,2005(01):61-66.

[44] 余泳泽,刘大勇,宣烨. 生产性服务业集聚对制造业生产效率的外溢效应及其衰减边界:基于空间计量模型的实证分析[J]. 金融研究,2016(02):23-36.

[45] 张清正,李国平. 中国科技服务业集聚发展及影响因素研究[J]. 中国软科学,2015(07):75-93.

[46] 赵春明,刘珊珊,李震. 生产性服务业开放对企业出口国内附加值率影响研究[J]. 亚太经济,2023(03):109-122.

[47] ALESINA A, HARNOSS J, RAPOPORT H. Birthplace diversity and economic prosperity [J]. Journal of Economic

Growth, 2016(21)101 - 138.

[48] ANTONIETTI R, CAINELLI G, LUPI C. Vertical disintegration and spatial co-localization: the case of Kibs in the metropolitan region of Milan [J]. Economics Letters, 2013,118 (2):360 - 363.

[49] BRYNJOLFSSON E, COLLIS A, EGGERS F. Using massive online choice experiments to measure changes in well-being [J]. Proceedings of the National Academy of Sciences, 2019, 116(15):7250 - 7255.

[50] CARLINO G A, SAIZ A. Beautiful city: leisure amenities and urban growth [J]. Journal of Regional Science, 2019, 59(3): 369 - 408.

[51] CHUNG Y H, FÄRE R, GROSSKOPF S. Productivity and undesirable outputs: a directional distance function approach [J]. Journal of Environmental Management, 1997,51(3):229 - 240.

[52] CIRIACI D, MONTRESOR S, PALMA D. Do KIBS make manufacturing more innovative? An empirical investigation of four European countries [J]. Technological Forecasting and Social Change, 2015(95):135 - 151.

[53] ELLISON G, GLAESER E L, KERR W R. What causes industry agglomeration? Evidence from coagglomeration patterns [J]. American Economic Review, 2010, 100 (3): 1195 - 1213.

[54] FENG R, SHEN C, HUANG L, et al. Does trade in services improve carbon efficiency?—Analysis based on international panel data [J]. Technological Forecasting and Social Change, 2022, (174):121298.

[55] MACK E A. Broadband and knowledge intensive firm clusters: essential link or auxiliary connection? [J]. Papers in Regional

Science, 2014,93(1):3 - 30.

[56] MULLER E, ZENKER A. Business services as actors of knowledge transformation: the role of KIBS in regional and national innovation systems [J]. Research Policy, 2001,30(9): 1501 - 1516.

[57] PANAHI S, WATSON J, PARTRIDGE H. Towards tacit knowledge sharing over social web tools [J]. Journal of Knowledge Management, 2013,17(3):379 - 397.

[58] SOBEL M E. Asymptotic confidence intervals for indirect effects in structural equation models [J]. Sociological Methodology, 1982(13):290 - 312.

[59] WANG X, XU Z, QIN Y, et al. Innovation, the knowledge economy, and green growth: is knowledge-intensive growth really environmentally friendly? [J]. Energy Economics, 2022, (115):106331.

[60] ZHANG Q, YAN F, LI K, et al. Impact of market misallocations on green TFP: evidence from countries along the Belt and Road [J]. Environmental Science and Pollution Research, 2019(26):35034 - 35048.

[61] ZHAO C, LIU Z, YAN X. Does the digital economy increase green TFP in cities? [J]. International Journal of Environmental Research and Public Health, 2023,20(2):1442.

后　记

　　高水平服务业是我国经济发展的重要支撑和引领力量，也是我国对外开放的重点领域。作者长期研究高水平服务业发展战略，借中欧国际工商学院建校 30 周年之际，应学院丛书编写组之邀，撰写了《高水平服务业由大向强的发展战略》。

　　感谢中欧国际工商学院对本书出版的大力支持。正值中欧国际工商学院建院 30 周年之际，向中欧国际工商学院表示衷心的祝贺。三十而励，卓越无界。希望中欧国际工商学院站在全新的发展起点，不断深化"中国深度、全球广度"，坚持构建学术高峰。

　　在书稿的撰写过程中得到了中欧国际工商学院同事和老师们的鼎力支持，特别要感谢高凯副教授为本书撰写奉献的智慧和劳动，还要感谢张健明教授、马磊博士、王媛媛副主任、刘功润博士、叶欣梁教授、罗娟副教授、崔开昌副教授、岳顶军研究员、刘耿研究员、黄夏燕研究员等老师在本书不同章节中的智慧思想和资料收集方面给予的支持。

特别感谢上海交通大学出版社在本书出版过程中给予的指导和帮助。感谢责任编辑的辛勤付出,在书稿撰写过程中做了很多具体的工作,为本书的顺利完成提供了有力保障。

在整个编著过程中,我们始终秉承"认真、创新、追求卓越"的中欧校训精神,以期本书既能为服务业领域的从业者、学者和广大读者提供通俗易懂的参考,又不损其理论严谨性和学术权威性。尽管我们已经付出了很多努力,但难免还有许多不足之处。我们欢迎广大读者批评指正,希望这本书能为大家带来更多的启示和收获。

汪泓

2024 年 4 月 10 日